互联网供应链金融模式构建
与风险管理

张洁琼◎著

吉林人民出版社

图书在版编目（CIP）数据

互联网供应链金融模式构建与风险管理 / 张洁琼著.
长春：吉林人民出版社，2024.8. -- ISBN 978-7-206
-21359-5

Ⅰ.F252.2-39

中国国家版本馆CIP数据核字第2024CT2777号

互联网供应链金融模式构建与风险管理
HULIANWANG GONGYINGLIAN JINRONG MOSHI GOUJIAN YU FENGXIAN GUANLI

著　　者：张洁琼	
责任编辑：王　丹	封面设计：寒　露

吉林人民出版社出版 发行（长春市人民大街7548号）　邮政编码：130022
印　　刷：河北万卷印刷有限公司
开　　本：710mm×1000mm　　1/16
印　　张：12　　　　　　　　　　　　　　字　　数：200千字
标准书号：ISBN 978-7-206-21359-5
版　　次：2024年8月第1版　　　　　　　印　　次：2024年8月第1次印刷
定　　价：78.00元

如发现印装质量问题，影响阅读，请与出版社联系调换。

前言
Preface

随着互联网技术的飞速发展和金融与供应链的深度融合，互联网供应链金融作为一种新兴的金融业态，正在逐步改变传统的金融服务模式。其以互联网技术为基础，通过整合供应链上下游的物流、信息流和资金流，为供应链中的核心企业及其上下游企业提供高效、便捷的金融服务。互联网供应链金融不仅能够有效解决中小企业融资难、融资贵的问题，还能促进供应链的稳定运行，推动实体经济的健康发展。

近年来，我国互联网供应链金融展现出强劲的发展潜力，市场规模稳步增长，业务形式日趋多元化。这不仅得益于技术创新的推动，还离不开国家政策的大力支持。政府通过制定和实施一系列政策措施，为互联网供应链金融的发展提供了有力保障。这些政策措施旨在推动供应链金融的数字化、智能化进程，通过引入先进技术提升金融服务效率，降低企业融资成本。同时，国家着力优化营商环境，简化审批流程，降低市场准入门槛，激发市场活力，从而吸引更多企业参与供应链金融活动。这些举措共同促进了我国互联网供应链金融市场的蓬勃发展，为实体经济注入了新的活力。然而，在快速发展的同时，互联网供应链金融也面临着诸多风险挑战，如操作风险、信用风险、市场风险等。因此，构建科学、合理的互联网供应链金融模式，加强风险管理，对于促进互联网供应链金融的健康发展具有重要意义。

本书正是在这样的背景下撰写的，共分为五章，各章内容如下。

第一章为供应链金融概述，主要介绍供应链金融的概念与特点、产生与发展、参与主体以及业务模式等基础知识，使读者对供应链金融有一个全面的认识。第二章为互联网供应链金融基础，重点介绍互联网供应链金融的概述、技术支撑以及发展。第三章为电商平台主导的互联网供应链金融模式，详细分析电商平台在供应链金融中的主导地位和作用，探讨其创新发展策略。第四章为商业银行主导的互联网供应链金融模式，探讨商业银行如何通过技术手段和金融服务创新，满足供应链企业的融资需求。第五章为互联网供应链金融风险管理，全面梳理互联网供应链金融面临的风险类型与特征，分析互联网供应链金融风险管理的原则与流程，提出互联网供应链金融风险防范的具体策略，以促进互联网供应链金融的健康稳定发展。

本书具有以下特色。

一是系统性。本书从供应链金融的基础知识入手，全面、系统地介绍了互联网供应链金融的概念、特点、模式以及风险管理等问题。各章节之间紧密相连，形成了一个完整的知识体系。

二是实践性。本书注重理论与实践相结合，展示了互联网供应链金融在实际应用中的效果和经验。

三是创新性。本书在探讨互联网供应链金融的模式构建和风险管理问题时，提出了许多新的观点和策略。这些观点和策略不仅具有创新性，而且具有一定的实用性，能够为互联网供应链金融的实践提供新的思路和方向。

希望本书能够为互联网供应链金融的实践提供理论支持和指导，为推动互联网供应链金融的健康发展贡献一份力量。书中不足之处在所难免，恳请广大读者批评指正。

目 录 Contents

第一章　供应链金融概述 / 001

　　第一节　供应链金融的概念与特点 / 003

　　第二节　供应链金融的产生与发展 / 012

　　第三节　供应链金融的参与主体 / 017

　　第四节　传统供应链金融的业务模式 / 030

第二章　互联网供应链金融基础 / 041

　　第一节　互联网供应链金融概述 / 043

　　第二节　互联网供应链金融的技术支撑 / 051

　　第三节　互联网供应链金融的发展 / 069

第三章　电商平台主导的互联网供应链金融模式 / 075

　　第一节　电商平台主导的互联网供应链金融概述 / 077

　　第二节　电商平台主导的互联网供应链金融创新发展策略 / 087

第四章　商业银行主导的互联网供应链金融模式 / 095

　　第一节　商业银行主导的互联网供应链金融概述 / 097

　　第二节　商业银行主导的互联网供应链金融创新发展策略 / 106

第五章　互联网供应链金融风险管理　/ 121

第一节　互联网供应链金融风险的类型与特征　/ 123

第二节　互联网供应链金融风险管理的原则　/ 134

第三节　互联网供应链金融风险管理的流程　/ 146

第四节　互联网供应链金融风险防范策略　/ 164

参考文献　/ 177

part 1

第一章 供应链金融概述

第一节　供应链金融的概念与特点

一、相关概念界定

要理解供应链金融，首先需要理解供应链及供应链管理的基本概念，并进一步明确供应链、供应链管理与供应链金融之间的关系。

（一）供应链

供应链最初称为"经济链"，是由现代管理学巨匠彼得·德鲁克（Peter F. Drucker）首次提出的。随后，哈佛商学院的一位教授提出了"价值链分析法"，这一概念逐渐发展为"价值链"。经过经济学的进一步发展和相关研究的进一步深入，"价值链"最终演变为"供应链"。[1]

在供应链研究的早期阶段，学术界将供应链视为产品从企业内部传递到零售商，最终到用户手中的整个过程，包括原材料的采购、产品的生产、市场交换、产品销售等。这种观点主要关注企业内部资源的有效利用，而忽视了企业与外界各方面的联系，导致企业之间配合不足，进而引发冲突。例如，一个企业在优化自己的内部流程时，无意中对供应链上其他企业的运作造成影响，从而引起效率低下或资源浪费。随着研究的不断深入，学术界开始逐渐认识到单从企业内部角度出发考虑供应链的不足。研究者开始关注企业与外部环境之间的相互作用，并逐渐将企业与外部的联系作为重点，弥补了初期研究的不足。

我国的供应链管理专家马士华等对供应链的概念进行了全面阐释。他们提出："供应链是以核心企业为中心，在从原料采购到加工生产，再到最终销售这一过程的所有环节中，控制物流、信息流和资金流，使供应商、制造商、经销商、零售商、消费者结合成一个整体，进而组建成的功能网链结构。"[2]

供应链包含多个参与主体。供应商将原材料提供给加工商，加工商再将原

---

[1] 席国超. 互联网供应链金融业务：商业保理公司操作实务[M]. 北京：中国金融出版社，2022：3.
[2] 马士华，林勇. 供应链管理[M]. 北京：机械工业出版社，2020：92.

材料处理成半成品，然后交由成品加工组装企业（即核心企业）进一步加工成完整的商品。商品制成后，便由经销商和零售商进行销售，最终到达消费者手中。在供应链中，一个核心企业通常需要与多个供应商合作，一个供应商下可能还有其他的供应商，形成一条从原材料到成品的供应网络。同样，一个核心企业通常会与多个分销商合作，以确保其产品能够有效地覆盖各个市场和区域。一个分销商还会与其他下游分销商或零售商合作，形成一个层次分明的销售网络。在整个交易链条上，供应商、制造商、分销商、零售商直到最终用户组成一个整体。

以空调生产为例，上游一级供应商负责向空调生产商提供必需的零部件，如外壳、压缩机等零部件。二级供应商为一级供应商提供元器件，如电路板、控制系统等更小的组件，这些都是组装成零部件必不可少的材料。空调生产商在生产完毕后，开始进行空调的分销。一级经销商购买生产商完成的空调产品，然后将这些产品卖给二级经销商（零售商）。每一级的经销商不仅仅是产品的购买者，也承担着将产品推向更广阔市场的责任。通过这样的分销层级，空调最终被普通消费者购买。这便是一个完整的供应链，其基本流程如图1-1所示。

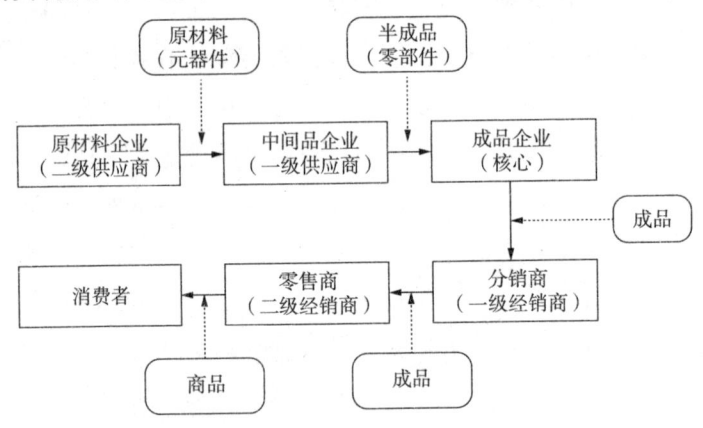

图1-1 供应链的基本流程

供应链通常包括四个核心要素，即物流、商流、信息流和资金流。

物流是指物品从供应商到最终消费者的整个流通过程，包括运输、库存管理、装卸、包装和搬运等多个环节。物流的效率直接影响供应链的成本和响应速度，因此，很多企业都致力于优化物流操作以降低成本和提升服务质量。商流是指买卖的流通过程。企业在向供应商采购原材料到最终将产品销售给消费者的过程中,涉及的订单下达、接受,合同的签订以及后续的付款和商品交换等,都属于商流。商流的管理确保了交易的正当性,是维持供应链稳定运作的关键。信息流是供应链中数据和信息的传输过程。信息流管理有助于预测市场趋势,调整生产计划,优化库存,从而减少浪费和提高响应市场变化的能力,特别是在业务越来越复杂的现代环境中,信息的流通尤为关键。资金流指供应链中货币的流通过程。从客户支付产品或服务的费用开始,资金通过零售商、物流服务商和生产厂家,最终流向原材料供应商。有效的资金流管理不仅可以降低资金成本,还可以增强供应链抗风险的能力。

(二)供应链管理

供应链管理是对供应链中的物流、商流、信息流、资金流以及贸易伙伴关系等进行的计划、组织、协调与控制一体化管理过程。[①]供应链上的各个环节应有机结合,以实现供应链整体效率的最优化。本质上,供应链管理是一种对供应链系统进行的有计划的、系统化的协调、操作和控制。

(三)供应链金融

在供应链中,物流与资金流形成了一个完整的闭环。从采购原材料开始,原材料被转化为产品,产品通过供应链流通到达消费者,并被转化为资金。转化来的资金又被用于采购更多的原材料,从而形成一个新的生产和销售循环。在理想状态下,供应链中的每一个环节都能顺利地将产品转化为资金,然后再投入下一轮的原材料采购中。然而,在实际运作中,尤其是当企业需要扩大规模或在面临资金短缺的情况下,供应链的这种闭环可能会被打破。为了保持供应链的稳定运作和扩展生产能力,企业往往需要外部资金的注入来弥补内部资金的不足。这种从外部引入资金的活动就是供应链金融。

供应链金融代表了商业银行信贷业务中的一个专门领域,在银行层面上,它是指为核心企业提供融资以及其他的结算和理财服务。对于企业,尤其是中小企业来说,它是一个重要的融资渠道。供应链金融涉及金融机构为核心企业及其供应商提供贷款和及时收款的便捷服务,同时,它们也向这些企业的分销商提供预付款代付和库存融资服务。简言之,供应链金融就是金融机构将核心

[①] 丁俊发. 中国供应链管理蓝皮书(2014)[M]. 北京: 中国财富出版社, 2014: 53.

企业和其上下游企业联系在一起提供灵活运用的金融产品和服务的一种融资模式。①

供应链金融的概念可进一步从以下几点来理解。

（1）供应链金融是一种创新的金融服务模式，主要由金融机构为供应链中的各类企业提供，专注于供应链中资金往来的管理。

（2）在评估供应链的信用风险时，核心企业的信用状况被赋予很高的权重。核心企业通常是供应链的主导者，具有较高的市场影响力和信用等级，它们的财务健康直接影响整个供应链的信用评估。金融机构通常会基于核心企业的信用状态评估整个供应链的贷款条件和信用风险。

（3）为了防止资金流入非法或虚假的商业活动中，供应链中的交易特别是核心企业与供应链中其他企业之间的交易受到严格监督。这种监督确保了融资的正当性，防止了资金滥用和金融欺诈行为，保护了金融机构和供应链其他参与者的利益。

（四）三者之间的关系

供应链、供应链管理和供应链金融之间存在着密切且不可分割的关系，下面从不同的角度进行分析。

从整体上看，供应链作为一系列产品或服务从原始供应到最终消费者的全过程，涉及多个参与者和活动。供应链管理和供应链金融都是为了优化这一过程的效率和效果。供应链是供应链管理和供应链金融的基础和作用对象，而供应链管理和供应链金融能够促进供应链的流畅运作。

从定义上看，供应链金融是供应链管理的一部分，是基于供应链环境中资金流动的需求而产生的特定金融服务。也就是说，供应链金融是从供应链管理的实践中衍生出的应对资金需求的解决方案，旨在通过财务工具和产品优化供应链中的资金使用和风险管理。

从发展角度来看，供应链金融可以被视为供应链管理的有效延伸。随着供应链的复杂性增加，传统的供应链管理方法需要通过融入更高效的资金管理来增强其整体功能。供应链金融通过整合更多的信息资源和提高资金调度的能力，不仅优化了资金流，还增强了供应链中各企业之间的协同作用，从而提高

---

① 李新，崔燕敏. 公司金融[M]. 北京：首都经济贸易大学出版社，2021：360-361.

了操作效率和降低了运营风险。

从效果和影响角度来看，成熟和健全的供应链金融对整个供应链管理的发展具有深远的影响。它不仅增强了供应链的核心竞争力，还提高了整个链条的操作效率。通过提供必要的资金支持，供应链金融使得供应链中的企业能够更好地应对市场变动，减少资金短缺带来的中断风险。同时，通过有效的资金管理，企业能够优化库存，缩短生产周期，从而在整体上提升供应链的性能和响应市场的能力。

二、供应链金融的特点

供应链金融的特点如图1-2所示。

图1-2 供应链金融的特点

（一）交易封闭性

交易封闭性是指金融机构在为供应链中的企业提供贷款时，这些贷款被严格限定在供应链的特定交易中使用，从而防止资金被挪用到供应链外的其他用途。

交易封闭性不仅保证了资金的适用性，而且可以通过严格的贷款管理机制有效控制资金流、物流和信息流。贷款发放后，金融机构会根据供应链上的具体业务进展审查贷款的使用情况，确保每一笔资金都被用于其预定的目的。例如，如果一个制造商需要采购原材料，金融机构提供的贷款将直接支付给材料供应商，而不是提供给制造商，从而确保资金的使用严格对应于供应链中的特定环节。通过实时监管和定期回收产生的现金流，金融机构能够实时掌握贷款资金的流向和使用状况。这种监控不仅减少了资金流失的风险，也增强了整个供应链的透明度。此外，交易封闭性还有助于金融机构在供应链中识别和预防潜在的风险点，为供应链各方提供更为安全稳定的金融环境。

简言之，交易封闭性的实施有效地将融资与供应链中的实际业务需求相结合，从而推动了供应链的整体效率。资金严格按照预定的商业计划和供应链需求使用，可以减少资金使用的不确定性，优化资源配置，增强供应链各环节的业务执行力。

（二）收入自偿性

收入自偿性是指企业以自身贸易收益偿还自身融资款项。企业在接受融资时，会与金融机构约定，其销售收入将被直接支付到保理商指定的账户中。这种做法有效降低了金融机构的风险并增强了对资金流动的控制。收入自偿性强化了企业优化其业务模式和提高经营效率的动机，因为贷款的偿还直接依赖于其经营成果。此外，这也提升了资金使用的透明度和可预见性，确保每笔贷款都有确切的商业基础和明确的偿还来源。通过这种方式，收入自偿性不仅激励企业维持良好的商业表现，还促进了金融机构和供应链其他参与方之间的信任，共同推动供应链的稳定发展和风险管理。

（三）连续性

连续性是指同类贸易行为在上下游之间会持续发生，在此基础上的授信行为也可以反复进行。

（四）"1+N"授信

供应链金融的授信方式为"1+N"，即围绕核心企业（1）寻找供应链中客户（N）的资金需求。这种模式允许金融机构不单独评价每一个企业，而是将核心企业的信用状况和整个供应链的运作效率作为授信依据。核心企业的信誉直接影响其供应链伙伴的信用评估，核心企业如果信誉良好，其供应链上的其他企业就更容易通过这种联系获得金融支持。此外，供应链金融还改变了银行对中小企业的授信方式。传统授信通常依赖于企业的财务报表和历史信用记录，这对于许多中小企业而言是一个较高的门槛，因为它们可能缺乏稳定的财务表现或没有足以支持其业务扩展的信用记录。在供应链金融中，金融机构不再考察中小企业的静态财务报表，而考察其在供应链中的实际交易表现，着重于企业的交易频率、支付记录以及与其他供应链成员的合作关系，这些都是评估企业信用的动态因素。因此，中小企业可以通过展示其在供应链中的活跃参与和稳定交易来降低获得融资的门槛，而不再受限于可能不足以证明其融资资格的传统财务指标。这不仅为中小企业提供了更公平的融资机会，也使金融机构能够更准确地评估与供应链相关的信用风险，增强了整个金融生态系统的效率与适应性。

通过这种突破传统的授信方式，供应链金融不仅使中小企业更易于得到必要的资金支持，而且增强了整个供应链的稳定性。企业因为更容易获得资金而能更好地应对生产需求和市场变动，也因为金融机构的支持而加强了与核心企业的业务联系，推动了整个供应链的效率和竞争力。

三、供应链金融与传统金融的区别

供应链金融和传统金融都致力于满足企业的融资需求，但供应链金融在提供融资解决方案时显示出更高的灵活性，并能够根据企业的具体需求定制个性化的金融服务。两者之间的区别主要体现在以下几个方面。

（一）服务对象的区别

传统金融主要针对的是市场上的大型企业或具有高潜力的核心企业，通常这些企业的财务报表健全、信用评级较高，因此更容易获得银行和其他金融机构的支持。而中小企业由于缺乏足够的抵押资产或无法提供令金融机构满意的财务记录，在传统金融体系中往往面临较大的融资困难。

供应链金融不仅服务于供应链中的核心企业，还特别关注那些与核心企业有业务往来的上下游中小企业。在供应链金融模式下，金融机构不单单依据企业的财务状况作出融资决策，而且重视中小企业在供应链系统中的角色和地位以及它们与核心企业之间的交易记录。这种企业信用评级方式使得中小企业即便在缺乏传统融资条件的情况下，也能通过展示其在供应链中的活跃参与和稳定交易获得所需的资金支持。

（二）担保物的区别

在传统金融中，银行和其他金融机构通常要求企业以固定资产，特别是不动产，如土地和建筑物作为抵押物。这类资产因其价值大且相对稳定，被视为较为安全的贷款担保，金融机构可以在企业无法偿还贷款时通过变卖这些资产回收贷款。供应链金融主要以供应链中生成的流动资产，如应收账款、预付款项等债权以及库存等动产为担保物。这些资产虽然在传统贷款模式中被视为风险较高、不易变现的资产，但它们通常具备良好的自偿性，即能够在未来产生确定的现金流。例如，应收账款就是核心企业对融资企业未来支付的款项的承诺，这种资产虽然当前不易变现，但预期的现金流入为其增加了价值。因此，在供应链金融中，这些资产可以被用作抵（质）押物，金融机构可以给企业提供量身定制的融资方案，以满足它们的具体需求。这种做法有效地扩展了融资的途径，同时为供应链的稳定运营提供了支持，使企业能够更灵活地管理资金并优化其运营策略。

（三）融资方式的区别

传统金融融资通常依赖于担保融资的形式，尤其是以不动产作为抵押担保。这种方式在很大程度上依靠借款方提供的物理资产价值来减轻贷款的风险，这意味着只有那些拥有足够固定资产的企业才能较容易地获得贷款支持。供应链金融采取了更为灵活和动态的信用融资方式。在供应链金融中，核心企业的信用状况及其在供应链中的地位是支持贷款决策的主要因素。这种融资方式不是简单地依赖企业拥有的固定资产价值，而是基于企业在供应链中的实际交易行为和商业信誉。例如，一个企业如果在供应链中担任关键角色，与多家上下游企业有着频繁且稳定的交易，即使它没有足够的不动产抵押，也可能因为其在供应链中的信用和地位而获得所需的融资。

（四）风险把控程度的区别

在传统金融模式中，银行和其他金融机构通常面临较高的人工成本、时间成本及风险识别成本。这种模式下的风险管理主要依赖于融资企业的直接沟通，金融机构通过审查企业的财务报表、信用历史和资产状况评估贷款风险。然而，这种方法在实际操作中往往因为信息不对称、市场变动快速以及缺乏对企业运营深入了解而导致风险把控不足。

在供应链金融模式下，金融机构不仅关注单个企业的财务状况，还综合考量该企业在供应链中的角色和地位以及与其他上下游企业的交易关系。这种全面的视角使得金融机构能够更准确地评估整个供应链的稳定性和各环节企业的信用状况。例如，一个企业即使自身财务状况不是非常理想，如果其在供应链中占有核心地位，或者有稳定的上游供应商和下游买家，这种情况下的风险评估将更加有利于真实地反映企业的经营风险。此外，供应链金融通过更加频繁和深入的交易数据分析，能够实时监控资金流向和货物流动，从而及时发现潜在的风险问题。这种基于交易的实时数据监控和分析为金融机构提供了更有效的风险预警机制，降低了因企业突发事件或市场波动引起的风险。

（五）融资企业话语权的区别

在传统金融模式下，融资企业往往处于相对弱势的地位，通常需要接受金融机构设定的条款和利率。具体表现为融资成本通常较高，办理的时间较长和程序较为复杂，资金运转效率不高。

在供应链金融模式中，核心企业的信用状况和在供应链中的地位为整个链条上的企业提供了信用保护。如果一个中小企业是大型核心企业的供应商或买家，其在供应链中的活动得到核心企业的认可和支持，那么这家中小企业就能借助核心企业的信用获得更有利的融资条件。此外，由于供应链金融侧重于交易的实际表现和未来的现金流，相较于传统金融，融资企业能更有效地展示其业务的实力和稳定性，从而在与金融机构的谈判中拥有更多的话语权。这种情况下，融资企业不仅能够享受更低的融资成本，还能获得更简单的贷款批准程序和更灵活的还款条件。因此，供应链金融不仅提升了融资企业的话语权，还改善了它们与金融机构的关系，使得这些企业能够在更加公平和有利的条件下进行资金筹集，有效地提高了资金的使用效率和企业的整体运营效率。

传统金融与供应链金融还有以下区别，具体如表1-1所示。

表1-1 传统金融与供应链金融的其他区别

对比项目	传统金融	供应链金融
授信主体	大型企业、核心企业	核心企业与上下游中小企业
评级方式	主体评级	主体评级或债项评级
评级范围	企业本身	企业及整个供应链
授信条件	固定资产抵押、有效第二方担保人	动产抵押、债权质押等
银行参与	静态地关注企业本身	动态地跟踪企业经营过程
银行承担的风险	较大	较小
服务品种	少	多
服务效率	手续繁多、效率低下	及时解决企业短期流动资金的需求
服务内容	解决单个企业短时的融资需求	为企业及其上下游行业提供资金支持

续表

对比项目	传统金融	供应链金融
服务作用	仅解决单个企业的资金问题	增强整个产业链条的竞争力

第二节　供应链金融的产生与发展

一、供应链金融产生的背景

(一) 全球化促进企业间的分工进一步细化

在全球化背景下，产品的制造模式经历了显著变化。通常情况下，一个产品的生产涉及多个工序，这些工序串联起来，构成了从原材料加工到半成品再到成品的完整产业链，每一道工序都是为产品增加价值的重要环节，使得整个产业链实际上成为一个价值增值链。由于产品生产的复杂性，产品生产过程通常需要高度的分工，这种分工是基于价值链的不同环节进行的。分工可以进一步分为企业内分工和企业间分工。企业内分工指的是产品的各个生产环节在同一企业内的不同部门或车间完成，这种模式也被称为"纵向一体化"。而企业间分工则是指将不同的生产环节分配给不同的企业执行，最终再将这些部分组装成完整的产品，这通常被称为"横向一体化"。例如，设计在美国，制造在中国，组装在墨西哥，最终销售遍及全球。这种"横向一体化"的模式使得企业能够利用全球资源，降低成本，提高效率，从而在激烈的国际竞争中占据优势。

随着全球经济的一体化程度加深，企业间分工模式已变得极为常见，企业间分工进一步细化，协作性日益增强。同时，企业从以前的"纵向一体化"转变为"横向一体化"。在"纵向一体化"模式中，生产过程主要由单一企业内部进行集中管理。随着企业间分工的实施，各个生产环节被分配给不同的企业，这就需要一个核心企业协调和管理整个生产流程，由此，一种新的管理模式——供应链管理诞生了。然而，在这个供应链中，由于参与企业的规模和实力存在差异，实力较强的大企业通常能较容易地从金融机构获得所需的融资支持。相反，规模较小、实力较弱的中小企业则经常面临融资难题，这种不平等的融资环境对供应链的发展产生了负面影响。为解决这一问题，供应链金融应运而生。

（二）赊销结算的方式开始应用

随着全球经济的快速发展和市场环境的变化，赊销结算方式开始在国际贸易中获得广泛应用，从而为供应链金融的产生奠定了基础。

在传统的贸易结算中，信用证结算方式长期占据主导地位。这种结算方式虽然为出口商提供了一定的支付保障，但对进口商而言往往意味着较高的成本和风险。信用证结算要求进口商提前锁定资金，增加了其资金使用的复杂性和成本，尤其在资金紧张的情况下更是如此。

随着全球市场的快速发展，买方市场逐渐形成，消费者和采购商的选择变得更加多样化。为了吸引买家并扩大市场份额，出口商不得不寻求更具竞争力的贸易条件。赊销结算作为一种灵活的支付方式应运而生，它允许买方在收到货物并在一定期限后支付货款，从而降低了买方的即时资金压力，增强了出口商的市场竞争力。此外，赊销结算方式也反映了对经济效率的追求。在商品供大于求的市场条件下，赊销可以促进商品的流通，扩大销售，尤其是在买方资金不足的情况下。

从信用管理的角度来看，企业的竞争力不仅取决于销量和市场占有率，还涉及企业的内部管理，如应收账款的回收效率和坏账率。赊销的确是一种风险与机遇并存的策略。如果对方及时履行支付义务，企业则可以从中获得预期的收益；反之，过高的坏账风险可能会侵蚀利润甚至影响企业的财务稳定。

因此，在经济全球化和买方市场日益明显的背景下，赊销结算方式的普及不仅是市场需求和竞争压力的产物，也是企业为适应市场变化、提高自身竞争力而采取的策略。赊销结算方式的广泛采用促使企业更加重视供应链管理，从而有力地推动了供应链金融的兴起。供应链金融通过提供针对供应链中各环节特定需求的金融产品和服务，帮助企业优化资金流、降低交易成本和风险，增强整个供应链的稳定性和效率，应对由赊销结算带来的挑战。

（三）供应链管理开始向财务方面延伸

长期以来，供应链管理主要集中在物流和信息流的优化上，而对资金流的关注却相对较少。随着20世纪末全球性外包活动的增加，供应链的结构变得更加复杂，不同节点上的资金流动性问题开始显现，这些问题在一定程度上抵消了通过全球分工获得的成本效率优势。例如，虽然外包企业位于劳动力成本较低的地区，理应通过这种"成本洼地"实现成本节约，但若因资金流瓶颈而导致运营中断或效率低下，则这些成本优势会大打折扣。此外，物流与资金流的分离管理常常使得潜在的成本和效率优势不能得到充分发挥，影响了整个供应链的绩效。

在这种背景下，企业家和学者开始重新审视供应链管理，特别是其财务方面的管理，并推动了财务供应链管理的发展，即将传统的供应链管理与财务管理相结合，形成了供应链金融这一新兴领域。

（四）企业需要降低成本，提高效率

供应链金融的产生，根植于企业对降低成本和提高效率的持续追求。人类社会经济活动自产生以来，主要经历了三个阶段：自然经济阶段、货币经济阶段和信用经济阶段。每一次变革都旨在解决成本高和效率低的问题。

在以物物交换为主的自然经济阶段，交换效率极低，经常面临难以找到匹配交换物的困境，导致交换成本高昂。随着时间的推移和社会的发展，货币作为一种交换媒介出现，极大地简化了交易过程。货币不仅易于携带和管理，还便于识别，大幅度降低了交换成本，提高了交换效率。然而，即便是货币交易，依旧存在着货币成本、银行利息等问题。进入信用经济阶段后，信用开始被广泛作为交换媒介使用。企业可以赊购原料，再将产品赊销给批发商或零售商。这种方式不仅减少了企业对即时资金的依赖，也提高了交易的效率。然而，这种做法虽然在表面上减少了直接的货币交换成本，但实际上增加了整个供应链的隐性风险和成本。

在全球化和市场竞争激烈的背景下，核心企业为了维护自身的财务健康，往往会通过推迟对供应商的付款优化自己的现金流。这种做法虽然优化了核心企业的资金状况，但对供应链上的其他企业来说则意味着资金的挤占，从而增加了它们的运营成本和财务风险。这种资金压力和成本上升最终会影响整个供应链的效率和成本控制。在这种情况下，供应链金融成为一种解决供应链中资金流动和成本效率问题的有效工具。供应链金融不仅关注单个企业的财务健康，还关注整个供应链的资金流动性和健康状态。通过金融创新，如发票融资、库存融资等，供应链金融帮助链条上的企业获得必要的运营资金，降低资

金链断裂的风险。

（五）传统融资模式下中小企业融资面临较大困难

中小企业在国民经济中扮演着至关重要的角色，但在传统融资模式下，它们往往面临着较大的融资难题。这些企业常因资金不足、缺乏足够的担保物、财务信息不透明以及较弱的风险抵抗力等因素，难以满足银行严格的信贷条件。特别是在信息不对称的情况下，银行为了降低风险，往往要求更高的抵押保证，使得中小企业的融资过程更为复杂和困难。在供应链管理的背景下，通过金融创新增强中小企业的融资能力，降低融资成本，已成为支持供应链稳定发展的关键策略。供应链金融模式通过整合供应链内的资源和信用，为中小企业提供更易于获取的融资解决方案，有效缓解了它们在与核心企业交易中遇到的融资困难。

二、供应链金融的发展历程

（一）国外供应链金融的发展历程

在西方国家，供应链金融几乎与其他金融业务同步发展，经历了二百多年，最终演变成现代供应链金融的初步模式。西方国家的供应链金融发展历程大体上可以划分为以下三个阶段。

1. 第一阶段：19世纪中期以前

这一时期的供应链金融活动非常初级，主要集中在存货质押贷款业务上，金融服务基本上是以农产品特别是谷物为主，反映了那一时期农业社会的经济结构和融资需求。

在沙皇时代，俄国农民在谷物收获后面临市场价格低迷的问题，这时以谷物为抵押物，向银行贷款成为一种常见的融资方式。这样做的主要原因是市场对谷物需求的季节性波动明显，农民通过贷款可以避免在价格最低时出售谷物，而选择在市场价格回升时销售，从而实现更高的经济收益。通过这种方式，农民不仅能满足生产和生活中的即时资金需求，也能优化自己的销售时机和收益，这在很大程度上缓解了他们因季节性市场波动带来的经济压力。银行通过接受谷物抵押贷款，能够在一定程度上控制贷款的风险，因为这些谷物在市场上具有一定的流通性和价值保障，即使贷款违约也能通过变卖抵押物挽回损失。

这一阶段的贷款模式展现出供应链金融的一个重要特点，即密切结合实物商品流动和市场需求波动进行资金融通。虽然这一阶段的供应链金融活动还非常简单，主要局限于个别商品和较为直接的贷款形式，但它奠定了供应链金融关注整个商品从生产到销售过程中资金需求和风险管理的基础。

2. 第二阶段：19世纪中期至20世纪70年代

这一阶段供应链金融业务开始多样化，特别是承购应收账款等保理业务开始兴起，供应链金融开始从单一的存货质押贷款模式向包括应收账款在内的更广泛的资产类别扩展。然而，这一时期的供应链金融发展并非一帆风顺。早期的保理业务常常存在金融机构和资产评估机构的合作，他们往往刻意压低那些流动性出现问题的企业的应收账款和存货价格，使得金融机构能够以远低于市场价的成本获取资产，随后将这些资产以更高的价格卖给其他第三方中介机构，从而获得巨大的利润。这种趁火打劫式的金融掠夺活动不仅侵害了企业的合法权益，还破坏了市场的正常运作，引发了企业和其他银行的不满和抗议。

面对市场的混乱和行业的声讨，对金融市场进行规范以保护企业权益和促进市场稳定成为迫切需求。为此，1952年美国出台了《统一商法典》，这是一部旨在规范金融机构行为，特别是存货质押、应收账款贷款方面的重要法律。《统一商法典》的实施明确了金融机构在供应链金融业务中应遵循的法律规范和操作标准，有效遏制了金融机构的恶意行为，推动了供应链金融业务的规范化和健康发展。

尽管此阶段的供应链金融业务在形式上开始丰富，核心业务仍然是围绕存货质押展开，应收账款贷款虽然作为辅助业务逐渐增加，但在整个供应链金融中的比重相对较小。这一阶段的发展展示了供应链金融从起步到初步成熟的过程，尽管面临挑战和困难，但最终通过法律和市场机制的调整，为后续更加规范和多元化的发展奠定了基础。

3. 第三阶段：20世纪80年代至今

20世纪80年代以来，国外供应链金融进入一个全新的发展阶段，新的融资产品，如预付账款融资、结算和保险等开始出现。这种变化主要得益于物流行业的高度集中和供应链理论的进一步发展。20世纪80年代末，全球主要的物流操作逐步被少数几家大型物流公司所主导。随着全球供应链的拓展，这些物流公司进一步整合了多家跨国企业的供应链体系。相较于银行，这些物流公司对供应链的运作有更深入的了解。通过与银行的合作，物流公司在提供基本的仓储和运输服务外，还涉足质物评估、监管、处置及提供信用担保等增值服务，不仅为物流企业自身创造了新的业绩增长点，也帮助银行及其他金融机构吸引了更多的客户。在这一时期，国外的供应链金融发展逐渐形成了以物流为主导、以金融为辅助的运作模式。得益于物流企业的深度参与，供应链金融实现了快速发展。

（二）我国供应链金融的发展历程

自改革开放以来，我国引入众多外资企业进行投资建厂，这不仅带动了国内经济发展，还带来了先进的管理经验和理论知识。在国外供应链金融理论的影响下，我国结合自身实际情况，逐步发展和壮大了本土的供应链金融体系。我国供应链金融的发展历程主要经历了以下三个阶段，具体如表1-2所示。

表1-2 我国供应链金融的发展阶段

发展阶段	运行模式	主要特征
供应链金融1.0	线下"1+N"模式	"1"代表核心企业，其利用自身较好的信用状况为"N"，即众多中小企业提供担保，使中小企业能够根据与核心企业之间的真实交易记录向银行申请并获得融资。在此模式下，商业银行和核心企业作为融资的中心，承担较高的信用风险
供应链金融2.0	"四流"合一	从以商业银行为中心的线下融资转变为线上融资，促进了物流、商流、资金流和信息流的有效整合和合理传递，突破了传统融资的局限，提高了供应链金融的效率并增大了覆盖范围
供应链金融3.0	"N+1+N"模式	形成了一个由供应链上的企业集群"N"与金融机构共同组成的综合服务平台"1"，构建了一个完整的供应链金融生态系统。各种信用等级和资金偏好的中小企业"N"能够无缝对接，实现了"去中心化"，极大地提升了风险识别的能力和效率

第三节 供应链金融的参与主体

供应链金融的参与主体具体如表1-3所示。

表 1-3　供应链金融的参与主体

供应链金融的参与主体总体划分	供应链金融的参与主体具体划分
资金的需求主体	供应链核心企业
	供应链上下游中小企业
资金的供给主体	商业银行
	融资租赁公司
	商业保理公司
	其他金融机构（信托企业、证券公司、理财公司、资产管理企业）
供应链金融业务的支持型组织	第三方物流企业
	仓储公司
	担保物权登记机构
	信用担保公司

一、资金的需求主体

(一) 供应链核心企业

核心企业在供应链中占据领导地位，它们资质优良，规模庞大，对供应链中的信息流、物流和资金流的稳定和发展具有决定性影响。这些企业负责确定供应链的结构，严格按照高标准选择材料供应商、制造商和经销商，并对这些供应商、制造商和经销商实施严格的控制。在供应链管理过程中，核心企业常面临多种挑战，如在采购原材料时难以赢得供应商的信任、存货管理成本高、销售款项回收不及时、缺乏应收账款管理经验以及交易对手欠款等问题。这些问题往往限制了企业扩大销售和提升收益的能力。核心企业占据整个供应链金融的核心，它们必须依靠自身的强大实力，包括企业规模、技术能力、市场份额、财务状况和商业信誉等，维持和提升其在供应链中的地位。

核心企业拥有强大的信息收集能力。由于其在市场中的重要位置、较高的市场占有率以及频繁的交易活动，核心企业能够有效地收集和处理各种交易和市场信息。例如，如果核心企业是一家制造商，它不仅能收集来自上下游企业的关键信息，还能促进供应商和经销商之间的信息交流。制造商可以将销售渠道的反馈传递给供应商，同时将供应商的产品更新和信息传递给经销商。通过这种信息的集中和共享，核心企业能够极大地提升供应链的整体竞争力和响应市场变化的能力。

核心企业具备强大的协调能力。在供应链中，特别是中小企业，往往高度依赖核心企业以维持其业务的持续性和增长。核心企业通过自身的强大影响力和资源，可以在供应链中行使重要的话语权。它们通过调解供应链中出现的矛盾和问题，利用自身的优势调整和解决这些问题，从而优化整个供应链的运作，实现利益的最大化。更进一步地，当供应链中出现可能损害整体利益以满足个别利益的行为时，核心企业还需要利用其地位和影响力采取必要的惩罚性措施。这不仅有助于维护供应链的整体利益，还能促进供应链的健康、合理运转。

成为供应链中的核心企业并非易事，它要求企业在多个层面展现卓越能力和资源。首先，核心企业需要具备充足的资金和强大的实力。这些资源使得企业能够承担起领导供应链、驱动创新和应对市场变化的重任。除了雄厚的财力和物力，良好的商业信誉也是核心企业不可或缺的特质，它建立了企业在市场上的信任度，确保了长期的业务关系和合作伙伴的稳定。更重要的是，核心企业必须在供应链上下游企业中具有明显的影响力和控制力，这种影响力让它能有效协调供应链各个环节，优化整体的运作效率。此外，核心企业还肩负着支持链条中其他企业，特别是中小企业的责任。通过提供融资支持和担保，核心企业不仅能帮助这些小伙伴渡过资金难关，还能促进整个供应链的健康发展和风险管理，增强供应链的整体竞争力和抗风险能力。因此，核心企业的角色综合了资金实力、信誉、影响力及对整个供应链的贡献，它们是推动供应链向前发展的关键力量。

（二）供应链上下游中小企业

供应链上下游中小企业主要包括核心企业的上游供应商和下游经销商，这些企业在资质和规模上通常较弱，采购或销售能力不强，且在供应链或产业链中通常处于较为从属的地位。这类企业作为供应链金融的资金需求主体，常常通过动产质押、依靠第三方物流企业、核心企业的担保等方式从金融机构获得必要的贷款。

中小企业尽管规模较小，但其经营决策权高度集中，使得这些企业能够快速作出决策，对市场变化作出敏锐的反应，具有较强的行动灵活性和快速反应能力。这种灵活性和执行力使中小企业能够迅速协调和利用内部资源，达到效率和效益的最大化。

中小企业也有一些劣势，如有限的企业规模、产品附加值不高、销售渠道不完善和经营管理体制相对落后等问题，这些都削弱了它们的抗风险能力。在市场发生变化时，这些处于弱势地位的中小企业往往是首先受到冲击的。更为严峻的是，中小企业由于经营活动的不透明性、财务信息的非公开性以及较差的资信状况，往往缺乏足够的抵押物，这使得它们在融资谈判中处于劣势，融资渠道受限且融资成本过高，超出了企业的承受能力，从而使得这些企业面临巨大的财务风险。因此，有效地利用供应链金融对于这些中小企业来说是至关重要的，不仅能够缓解它们的融资压力，还能够帮助它们更好地抗衡市场的不确定性，促进整个供应链的健康发展。

要成为供应链金融的参与者，中小企业必须符合以下条件。

首先，中小企业需要确保自己位于一个稳定且得到金融机构认可的产业供应链中。这意味着这些企业所参与的供应链不仅需要符合国家的政策和行业规范，尤其是在能源消耗和环保标准上，还要确保它们的业务活动不涉及国家限制或禁止的行业。这一点至关重要，因为金融机构在考虑信贷和融资服务时，会严格筛选符合可持续发展和社会责任的企业。例如，处于钢铁、橡胶或水泥等"两高"行业的中小企业，如果所在行业被界定为高耗能且对环境可能产生重大负面影响的，将难以获得传统金融机构的支持。因此，中小企业需要通过调整自己的业务模式或采用更为绿色的技术，以确保符合金融机构和市场的需求。

其次，中小企业在供应链中必须具备一定的地位和影响力，这包括与核心企业有稳固的合作关系或直接在供应链中占据有利位置。如果一个中小企业能够成为核心企业的首选供应商，或者其产品和服务对核心企业至关重要，这将大大增加它的市场稳定性和融资能力。此外，中小企业与核心企业的合作关系应该足够牢固，以至于核心企业愿意为其提供信用背书或参与担保，这对于提高金融机构的信任度和降低融资成本非常有帮助。

再次，中小企业必须拥有稳定且能带来持续现金流的贸易或服务项目。这意味着中小企业的主要业务活动应当能够在市场中持续产生收入，这不仅有助于维护企业在产业链中的位置，也能为其带来稳定的现金流，确保企业能够满足运营资金需求和支持未来的发展计划。

最后，中小企业的信用记录必须是良好的，即在近年来没有不良信用记录，其财务和信用状况保持良好。良好的财务状况和无不良记录的信用历史将极大地增强金融机构的信心，减少贷款的风险，从而有助于企业以更低的成本获得必要的资金支持。

二、资金的供给主体

在供应链金融参与主体中，资金的供给主体通常包括商业银行、保理公司等金融机构。这些机构作为供应链金融的主要授信者，扮演着至关重要的角色，确保资金在供应链中的有效流动。通过提供贷款、信用和其他金融服务，它们能够促进供应链企业的融资活动，使其顺畅进行，从而支持整个供应链的稳定运作和发展。

（一）商业银行

1. 商业银行及其分类

商业银行是提供存款、贷款及其他金融服务的金融机构。

根据服务范围和业务类型，商业银行可以分为全国性银行和地区性银行。全国性银行通常拥有更广泛的分支网络，遍布全国，提供全面的银行服务，包括个人银行业务、投资银行业务及其他金融服务。它们的客户基础广泛，涉及大型企业和广泛的个人客户群。而地区性银行则主要在特定地区或小范围内运作，专注于为本地社区提供服务，这些银行通常更注重个人银行和小企业服务，与当地社区的联系更为紧密。

根据业务重点，商业银行可以分为传统银行与互联网银行。传统银行依赖广泛的实体分支机构网络来运营，提供面对面的客户服务和现场的金融交易处理。而互联网银行则主要通过电子方式运作，没有实体分支机构，提供在线账户管理、电子支付、在线贷款等服务。互联网银行因其较低的运营成本和便捷的服务方式，在现代银行业中越来越受到欢迎。

根据其资本规模和市场影响力，商业银行可以分为大型银行、中型银行和小型银行。大型银行具有庞大的资产和广泛的市场覆盖范围，通常能提供多样化的金融产品和服务，涉及复杂的金融交易和国际业务。中型银行在规模和服务能力上介于大型银行和小型银行之间，而小型银行则通常专注于较为简单的个人或小企业服务。

2.商业银行的职能

在供应链金融的参与主体中，商业银行扮演着至关重要的角色，其核心职能包括以下四点。

（1）信用中介职能。信用中介职能体现在商业银行通过其负债业务收集社会上未充分利用的资金，随后通过其资产业务将这些资金重新分配给需要资金的社会经济部门。这一职能使商业银行成为资金盈余方和资金需求方之间的桥梁，促进了社会资金的有效流动和最大化利用。在此过程中，商业银行不转移货币资金的所有权，仅仅转变其使用权。通过这种方式，商业银行能够平衡市场上的资金供需，不仅满足资金短缺方的需求，也为资金盈余方提供投资机会，从而优化整体经济资源的配置。

（2）支付中介职能。支付中介职能是商业银行另一个核心职能，它关乎资金的转移与结算。在全球化的供应链结构中，资金流的高效、安全转移尤为重要。商业银行提供各种支付工具，如电子转账、信用卡服务、支票及其他支付令等，使得资金能够快速、安全地在供应链各参与方之间流动。此功能不仅提高了交易的效率，还增强了资金流动的透明度和可追踪性。例如，通过电子支付系统，企业可以几乎实时地完成支付，并且可以追踪每一笔资金的流向，这对于管理现金流、优化财务管理及增强供应链的信任度非常有帮助。在供应链中，及时的支付对于维持供应链的稳定性至关重要，延迟支付可能导致生产停滞，甚至影响整个供应链的运作。此外，商业银行还提供在线银行服务等技术支持，这些都极大地提高了交易的效率和安全性，降低了运营成本。在供应链金融中，快速和安全的支付系统尤为重要，它能够确保资金在供应链各参与方之间及时、准确地流动。

（3）信用创造职能。银行通过接受公众存款，并基于这些存款进行超额贷款，实际上是在经济中创造新的货币。这种能力使银行能够有效地支持经济活动，尤其是在供应链金融中，能为企业提供必要的运营资金。

在供应链中，企业经常面临资金短缺的问题，特别是在需要扩大生产、增加库存或延长付款周期时。商业银行通过信用创造，给这些企业提供信贷支持，使它们能够满足即时的资金需求，保持业务的连续性。例如，一家供应商在接到大订单时需要先行购买原材料和增加产能，银行此时提供的贷款可以立即解决其资金需求，确保供应链不因资金短缺而中断。此外，信用创造还可促进市场的流动性和灵活性。商业银行通过动态调整信贷政策和利率，反映市场条件和经济周期的变化，从而支持供应链各方适应经济环境的变动，维持稳定发展。

商业银行的信用创造职能是现代银行业的一个基本职能，但这种能力并非无限制的，它受到以下因素的制约。

第一，商业银行创造信用的基础是其存款。存款是商业银行发放贷款的主要来源，也是银行信用创造的限制因素之一。当人们将钱存入银行时，这些存款成为银行可以用来发放贷款的资金基础。然而，银行并不能将所有存款都用于贷款，它必须保留一部分资金以应对存款人的提款需求。这种机制确保了银行流动性的基本安全，但也限制了银行信用创造的潜力。

第二，商业银行的信用创造还受到中央银行设定的存款准备金率以及银行自身的现金及贷款付现率的制约。存款准备金率是中央银行为了控制货币供应量、管理通货膨胀或防止银行过度扩张信用而设定的比率，要求商业银行必须将其一定比例的存款存放在中央银行，不得用于贷款或其他投资。此外，商业银行还必须保持一定比例的现金与贷款付现率，以确保在客户需要现金时能够满足需求，这同样限制了它们的贷款能力和信用创造空间。

第三，商业银行的信用创造还依赖贷款需求的存在。银行信用的创造并不是自发进行的，而是响应市场需求，在经济主体（如家庭、企业、政府等）需要资金时提供贷款。只有当这些经济主体寻求资金以投资、消费或支付时，银行的贷款才会增加，信用才会相应地被创造出来。因此，贷款需求的强弱直接影响银行信用创造的规模和速度。

（4）金融服务职能。商业银行的金融服务职能包括基本的账户管理、复杂的资产管理和投资顾问等。这些服务对于供应链中的企业十分重要，因为它们提供了运营所需的各种金融工具和专业建议，帮助企业优化财务结构，降低财务风险，提高资金使用效率。例如，商业银行提供的货币市场账户、外汇交易、风险管理工具（如期货、期权等）以及供应链专用的融资产品（如应收账款融资、库存融资等），都是帮助企业管理日常运营和扩展业务的重要工具。通过提供定制化解决方案，商业银行使企业能够根据自身的具体需求和市场条件，选择合适的金融产品。

（二）融资租赁公司

融资租赁公司是专门从事融资租赁业务的金融机构，它们通过购买设备或其他资产并将这些资产出租给客户使用的方式提供融资。融资租赁是一种重要的资金供给形式，允许企业在没有直接购买设备的情况下使用现代化的技术和设备。在供应链金融中，融资租赁公司通过解决技术和设备方面的资金需求，支持产业链各环节提高运营效率和能力。

在融资租赁的实际操作过程中，融资租赁公司首先根据企业的具体需求和财务状况，选择或购买相应的设备，然后将这些设备以租赁的形式提供给企业使用。这一过程不仅需要租赁公司对市场有深刻的理解，还要求其具备较强的风险评估和资产管理能力。租赁公司保留设备的所有权，而企业则支付一定的租金，作为使用这些设备的对价。这使得企业可以避免一次性的大额支出，将资金用于其他可能的增值活动，从而优化资金流和加强财务灵活性。此外，融资租赁还有助于企业避免因技术快速迭代带来的设备陈旧风险。在快速发展的技术行业，设备更新换代的周期越来越短，直接购买设备可能会导致企业承担较高的折旧和淘汰风险。通过租赁，企业可以根据需求和技术发展周期更新其设备，从而始终保持技术的先进性和竞争力。

（三）商业保理公司

商业保理公司是专门从事应收账款管理和融资服务的金融机构。它们为企业提供一种独特的金融服务，即通过购买企业的应收账款，提前为企业提供流动资金，从而帮助企业改善现金流、降低信用风险并管理客户账户。这种服务对于资金周转需求高、面临支付延迟挑战的企业尤其重要，能够有效地支持它们持续运营和发展。

商业保理的操作模式如下：企业将其应收账款出售给保理公司，保理公司提供即时的现金支付（通常是账面值的 70%～90%），从而提供企业所需的流动资金。当应收账款到期后，保理公司直接从债务人处收取款项，完成整个金融服务流程。通过这种方式，企业不仅能够立即获得资金，还能将收账、信用风险评估和债权追收等任务外包给专业机构，从而专注于其核心业务。

商业保理公司在债权融资方面拥有独特的风险控制标准以及权益要求，在此基础上商业保理业务在债权融资方面具有自身优势，具体体现在以下几个方面。

第一，商业保理业务的标的物——应收账款是一种价值稳定的资产。与货押业务相比，应收账款不需要密切关注市场价格的波动。货押业务通常涉及实物资产，如原材料或产品，其价值可能因市场供需变化而大幅波动，这增加了融资的风险。相反，应收账款一旦形成，即表示销售已经完成，货物已经转换为应收的款项，这些款项的价值与市场变化无关，其稳定性显著高于实物资产。这种从货物转换为货币的过程减少了资金的流动性风险，为融资提供了更为稳定的保障。

第二，保理业务具有自偿性。在传统的债权融资中，还款往往依赖于企业的综合收入，包括企业的营业收入、投资回报等多种不确定的收益来源，使得融资的风险较高。而在保理业务中，还款的资金来源极为明确，即买方按照规定的期限还款。这种基于已完成销售的应收账款的融资模式，明确了还款来源的稳定性和预测性，显著降低了违约风险。由于应收账款的形成是在买卖双方已经达成交易的基础上，因此，相较于企业未来可能的收益，这种自偿性质的融资方式更为安全可靠。

第三，保理融资的本质在于通过资产的转让实现融资目标，即特定的资产从卖方转移到保理商。在卖方面临破产风险的情况下，转让给保理商的应收账款理论上不应包括在破产清算中，这为保理业务提供了一定的安全保障。此外，如果保理公司拥有追索权，即使在卖方破产的情况下，保理公司仍保留向卖方追偿的权利。这种破产隔离机制显著增强了保理融资的安全性，为保理业务提供了保护。

（四）其他金融机构

资金的供给主体除了传统的商业银行、融资租赁公司和商业保理公司之外，还有其他金融机构。这些机构通过提供资金管理、资金募集以及专业金融咨询等服务，为供应链的各个环节带来了新的融资渠道和解决方案。下面简要介绍几种。

1. 信托企业

信托企业在供应链金融中的作用主要体现在资金管理和资产隔离功能上。信托企业可以通过成立特定目的的信托计划，管理企业的一部分或全部资产，从而实现资金的有效利用和风险隔离。例如，一个供应链企业可以将其应收账款、库存或其他资产转入信托，信托企业则根据信托协议对这些资产进行管理和处置。这不仅优化了资产的使用和管理，还提高了资金的筹集效率，因为通过信托包装的资产更容易吸引投资者的兴趣，从而获得更好的融资条件。

2. 证券公司

证券公司是专业从事证券投资服务的金融机构。通过发行各种资本市场工具，如债券或资产支持证券（ABS），证券公司不仅能帮助供应链中的企业获取必要的资金支持，还能为投资者提供稳定的投资机会。

通过发行债券，证券公司能够为供应链中的企业直接融资。这些债券可以是企业债、可转债或高收益债券等形式，具体依赖于发行企业的信用等级和市场条件。债券提供了一种相对低成本的融资方式，尤其对于信用等级较高的企业来说，能够有效降低融资成本，延长资金的使用周期。资产支持证券（ABS）是证券公司在供应链金融中另一项重要的融资工具。证券公司将企业的应收账款、库存或其他流动资产打包，转化为可以在资本市场上交易的证券产品。这种结构化金融产品能够将企业的短期资产转换为长期资金，同时降低了这些资产潜在的信用风险，因为风险被分散到了多个投资者手中。例如，应收账款证券化能够使企业立即从其销售活动中获得现金流，而不必等待常规的账期支付，从而加速资金周转，改善现金流状况。

3. 理财公司

理财公司通过提供定制化的金融产品和服务，帮助供应链中的企业优化其资金结构和投资回报。这些公司通常针对企业的特定需求设计理财计划，如短期流动性管理、长期资金安排等，帮助企业更有效地管理其资金流。此外，理财公司还可以通过其专业的市场分析和投资策略，为企业提供关于如何利用市场机会的咨询服务。

4. 资产管理企业

资产管理企业是专门从事投资管理的金融机构，负责管理和运用客户（包括个人、公司和政府等）的资金，通过投资各类资产（如股票、债券、房地产、私募股权等）实现资金的增值和风险控制。

在供应链金融中，资产管理企业扮演着重要角色，它们通过多种方式支持供应链的稳定和增长。首先，资产管理企业通过设立专门的投资基金，可以直接投资于供应链上下游企业的股权或债权。这种直接投资不仅为供应链企业提供了必要的资金支持，还带来了资产管理企业的专业管理和市场经验，帮助这些企业提高运营效率、优化资本结构、增强竞争力。其次，资产管理企业通过精细化的资产管理帮助供应链企业优化现金流管理。例如，资产管理企业可以通过货币市场基金、固定收益产品等低风险投资工具，为企业提供稳定的现金流，减少运营中的财务压力。这种稳定的资金支持对于那些需要大量前期投资的供应链环节（如原材料采购、大规模生产等）尤为重要。最后，资产管理企业还可以通过提供定制的财务解决方案，如供应链融资专项基金，支持特定供应链项目。这些项目往往需要较长的投资回收期和较高的初始投入，资产管理企业的参与可以有效地分散风险，吸引更多的投资，推动供应链的整体发展。

三、供应链金融业务的支持型组织

（一）第三方物流企业

第三方物流企业（third-party logistics, 3PL）指的是那些为其他公司提供第三方或外包物流服务的公司，其服务通常涵盖运输、仓储、装卸、包装、分发以及订单执行等物流管理功能。第三方物流企业不仅仅是运输或仓储的提供者，它们更多地涉及整个供应链管理的优化，帮助客户企业降低物流成本，提高服务效率，并能够根据市场需求快速调整物流策略。

作为供应链金融的参与主体，第三方物流企业的作用主要体现在以下几个方面。

第一，增强供应链透明度。第三方物流企业通过先进的物流管理系统和技术，能够实时监控货物的流转情况。这种透明度的增强对于供应链金融是至关重要的，因为融资机构可以更准确地了解货物的实际流转状态，评估相关的风险和信用状况，从而作出更合理的融资决策。

第二，降低供应链风险。第三方物流提供商通过专业的物流服务减少了货物在运输和存储过程中的损失和延误，降低了整个供应链的操作风险。对于供应链金融而言，降低运营风险可以增强信贷机构对供应链各方的信任，促使更多的资金流入。

第三，加速资金流转。通过高效的物流解决方案，第三方物流企业能够缩短货物的交付时间，加速供应链中的资金流转。快速的货物周转不仅可以提高供应链的整体效率，也有助于企业快速回笼资金，改善现金流状况，这对于依赖周转资金进行生产和运营的企业尤为重要。

第四，支持供应链金融产品创新。第三方物流企业可以与金融机构合作，开发新的供应链金融产品。例如，通过仓单质押融资，企业可以将存放在第三方物流仓库中的货物作为担保，获取银行的短期融资。此外，第三方物流企业的数据和市场观察也可以支持金融机构更好地设计针对特定行业或市场的金融解决方案。

（二）仓储公司

仓储是物流活动的重要环节，仓储公司是集中展现物资活动状态的综合性场所。在现代物流体系中，仓储公司的角色已经远远超出了传统意义上的存储和保管功能，它更多地承担着物资中转、信息整合以及价值提升等多重任务。在供应链金融中，仓储公司具有以下作用。

第一，仓储公司掌握着物流信息，包括货物的数量、种类、存放位置、运输状态等，这些信息是供应链金融中风险评估和授信决策的重要依据。通过对这些信息的实时监控和深度分析，仓储公司能够帮助金融机构更加准确地评估融资方的信用状况，从而制定更为合理的授信政策和风险控制措施。

第二，在供应链金融的实践中，企业往往需要将货物作为抵押物来获取融资。而仓储公司作为货物的实际管理者，能够确保抵押物的安全性和完整性，防止抵押物被挪用或损坏。同时，仓储公司还可以根据市场需求和价格波动情况，对抵押物进行灵活地处置和调配，以最大限度地保障融资方的利益。

第三，当供应链金融中企业出现违约情况时，仓储公司能够迅速响应，对抵押物进行妥善处置和变现，以弥补金融机构的损失。这种快速而有效的不良处置机制，有助于降低供应链金融的风险水平，提升整个供应链的稳健性。

（三）担保物权登记机构

担保物权制度在维护供应链金融安全、促进资金融通方面发挥了不可替代的作用。

担保物权登记机构是指依法设立的、负责办理担保物权登记事宜的专门机构。通过担保物权登记，债权人可以确保其享有的担保权益得到法律的承认和保护，从而在债务人不履行债务时，能够依法行使担保物权，实现债权的优先受偿。

在供应链金融中，担保物权登记机构的作用尤为重要。首先，它为供应链参与方提供了一个公开、透明的担保物权登记平台，使得各方能够清晰了解担保物权的设立、变更和消灭情况，有效降低了信息不对称风险。其次，担保物权登记机构通过严格的登记程序和审查机制，确保了担保物权的合法性和有效性，防止了虚假登记和恶意侵占担保物的行为，维护了供应链金融市场的秩序和稳定。此外，担保物权登记机构还为金融机构提供了风险评估的重要依据。通过查询担保物权登记信息，金融机构可以全面了解借款人的担保物状况，从而更加准确地评估其信用风险和还款能力，为制定合理的授信政策提供有力支持。同时，担保物权登记机构还促进了供应链金融业务的创新和发展。随着现代供应链体系的不断完善和供应链金融需求的日益增长，担保物权登记机构不断拓宽登记范围、优化登记流程、提升服务质量，为供应链金融业务提供了更加便捷、高效的登记服务，推动了供应链金融业务的快速发展。

随着供应链金融市场的不断发展和完善，担保物权登记机构将继续发挥其重要作用，为供应链金融的健康发展提供有力保障。

（四）信用担保公司

信用担保作为一种经济手段，旨在通过第三方担保机构的介入，为债务人提供信用支持，从而增强其在金融市场上的融资能力。信用担保公司是专门从事这种担保业务的机构，它们通过对被担保人的资信状况进行严格评估，为其在融资过程中提供必要的担保，进而促进资金融通，降低交易成本，推动经济的稳健发展。

在供应链金融领域，信用担保公司发挥着举足轻重的作用，主要体现在以下几个方面。

第一，信用担保公司能够有效缓解供应链中的信息不对称问题。由于供应链涉及多个环节和多个参与主体，信息在传递过程中往往会出现失真或滞后的情况。信用担保公司通过对供应链各个环节进行深入调查和分析，能够全面了解供应链的运作状况和潜在风险，从而为金融机构提供准确的信用评估，降低融资风险。

第二，信用担保公司能够提升供应链的融资效率。在供应链金融中，由于中小企业的信用评级往往较低，它们很难直接从金融机构获得融资支持。而信用担保公司凭借其专业的风险评估和担保能力，可以为这些中小企业提供信用增级，使它们能够更容易地获得融资。这不仅有助于解决中小企业融资难的问题，还有助于促进供应链的顺畅运作和资金的高效利用。

第三，信用担保公司还能推动供应链金融业务的创新和发展。随着科技的进步和市场环境的变化，供应链金融的需求也在不断升级和变化。信用担保公司可以根据市场需求和业务特点，设计出更加灵活、高效的担保产品和服务，以满足不同客户的融资需求。同时，信用担保公司还可以与金融机构、供应链核心企业等各方加强合作，共同推动供应链金融业务的创新和发展。

信用担保公司在发展过程中也面临着挑战。例如，如何准确评估被担保人的信用状况、如何有效控制担保风险、如何与金融机构和其他参与主体建立良好的合作关系等。信用担保公司需要不断提升自身的专业能力和服务水平，以适应市场的变化和需求的发展。同时，政府和社会各界也应给予信用担保公司更多的支持和关注，为其发展创造更加良好的环境。

第四节　传统供应链金融的业务模式

本节主要介绍传统供应链金融的三种主要业务模式：应收账款融资、预付账款融资、存货质押融资。

一、应收账款融资

（一）应收账款融资的概念与流程

应收账款融资模式是指供应链中的中小企业用应收账款单据作为抵押，以核心企业的担保为前提，向金融机构进行融资的模式。

在现今的商业贸易中，赊销已成为主导的销售方式。这种交易模式导致供应链上游的企业常常面临现金流短缺的困境，企业因此背负着沉重的资金压力。为了确保其生产运营的连续性和稳定性，这些企业急需找到更加迅速和便捷的资金获取渠道。应收账款融资便成为一种极为合适的解决方案。通过应收账款融资，企业能够将其应收账款转化为及时的现金流，从而有效缓解资金压力，确保生产运营的顺利进行。应收账款融资模式的具体流程如下。

（1）供应商与下游采购商基于双方的需求和市场情况，经过谈判和协商，最终达成商品销售交易。这标志着供应链中一次商业合作的开始，为后续的融资活动奠定了基础。

（2）在交易完成后，采购商根据交易合同向供应商发出应收账款单据。这张单据是供应商未来应收款项的凭证,也是其进行融资的重要依据。

(3)供应商将应收账款单据转让给金融机构,并提出融资申请。

(4)为了确保融资的安全性,采购商需要对金融机构作出付款承诺。这一承诺是金融机构决定是否授信的重要依据,也是保障融资活动顺利进行的关键。

(5)金融机构在收到融资申请和付款承诺后,会对采购商的信用状况进行综合评估,包括对采购商的财务状况、经营能力、履约记录等多方面的考察,以确保融资风险的可控。

(6)基于综合授信评估的结果,如果采购商的信用状况良好,金融机构会向供应商发放信用贷款。这笔贷款直接用于缓解供应商的资金流压力,支持其生产运营。

(7)当合同约定的付款期限到期时,采购商应按照协议内容向金融机构支付应收账款。

(8)金融机构在收到采购商的账款后,会扣除之前支付给供应商的信用贷款本金及核定的利息,剩余款项将支付给供应商,完成整个融资活动的资金清算。

(二)应收账款融资的优缺点

应收账款融资模式的优点在于,它充分利用了供应链中应收账款这一资产,为供应商提供了灵活、便捷的融资方式。同时,由于有采购商的信用担保和应收账款单据作为抵押,金融机构的风险也相对较低。此外,这种模式还有助于促进供应商与采购商之间的长期合作关系,增强供应链的稳定性。然而,应收账款融资模式也存在一定的局限性。首先,它要求供应商与采购商之间有良好的合作基础和信用关系,否则金融机构可能不愿意提供融资支持。其次,应收账款单据的真实性和合法性需要得到严格验证,以防止欺诈和虚假交易的发生。最后,由于涉及多个参与主体和复杂的操作流程,应收账款融资模式管理成本较高,操作风险较大。

(三)应收账款融资的具体模式

1. 应收账款质押融资

该模式的核心在于将企业的应收债权作为质押担保,从而获得金融机构的资金支持。应收账款质押融资的本质在于权益担保,企业以实实在在的应收账款作为担保物，向金融机构申请融资。这一模式不仅缓解了企业的现金流压力，还为其正常生产经营提供了坚实的资金保障。

相较于其他担保方式，应收账款质押融资具有独特的优势。首先，它保障担保债权的受偿。应收账款质押作为担保方式，其从属性使其紧密关联于被担保债权，确保债权在融资过程中得到充分保障。其次，应收账款质押具有不可分割性。在转让过程中，被担保债权必须得到充分考虑，基于同一合同或收款权等产生的债权，只能全部质押给同一质权人，这保证了质押担保的完整性和有效性。最后，应收账款质押具有优先受偿性。当出质人未能履约时，质权人可享有该应收账款的受偿优先权，从而确保金融机构的权益得到充分保障。

2. 应收账款保理融资

保理业务的基本操作流程相对清晰。首先，供应链上游融资企业将其与下游企业之间的购买协议所产生的应收账款转让给保理商。这是保理业务的核心，它使得上游企业能够迅速将应收账款转化为现金流，从而缓解资金压力。保理商作为专业的金融机构，会对应收账款的真实性、合法性进行严格的审核，确保融资的安全性。在应收账款转让完成后，保理商不仅为上游企业提供融资服务，还负责一系列附加的综合金融服务，包括贸易融资、销售分户账管理、应收账款的催收以及信用风险控制与坏账担保等，帮助上游企业更好地管理其应收账款，降低坏账风险，提高资金使用效率。

在保理业务中，上游企业与保理商须同时通知下游企业应收账款已被转让，以确保应收账款转让的透明性和合法性，保障下游企业的权益。待应收账款到期时，下游企业会按照协议内容将款项支付给保理商，从而完成整个融资过程。

应收账款保理融资业务流程如图 1-3 所示。

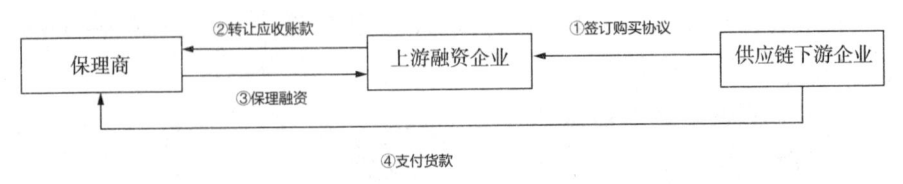

图 1-3 应收账款保理融资业务流程

3.应收账款反向保理融资

反向保理，也称逆保理，为与核心企业有稳定贸易往来或良好合作关系的中小微企业提供了更为便捷和灵活的融资途径。

在反向保理中，核心企业将那些有资金需求的供应商推荐给保理公司，利用自身良好的信用状况和稳定的经营能力，为供应商提供信用背书。保理公司则基于核心企业与供应商之间因贸易关系所产生的应收账款，为供应商提供融资服务。

反向保理与一般的保理业务相比，其主要区别在于信用风险评估的对象。在一般保理业务中，保理公司主要对供应商的信用状况进行评估；而在反向保理中，保理公司则更多地关注核心企业的信用状况和经营能力。这是因为核心企业在供应链中处于核心地位，其经营状况和信用状况往往直接影响整个供应链的稳定发展。因此，通过对核心企业的信用评估，保理公司能够更准确地把握融资风险，为供应商提供更可靠的融资支持。

反向保理业务为中小微企业带来了诸多好处。首先，反向保理拓宽了中小微企业的融资渠道，使得这些企业能够更容易地获得所需的资金，支持其生产经营和扩大规模。其次，反向保理降低了中小微企业的融资成本，提高了融资效率，使得这些企业能够更加灵活地应对市场变化。最后，反向保理还有助于提升中小微企业的信用状况，为其未来的融资活动打下良好的基础。

二、预付账款融资

（一）预付账款融资的内涵

预付账款融资是供应链金融中的一种重要业务模式，其形成源于供应链下游企业在采购过程中所面临的资金压力。在供应链中，下游企业为了获得正常运营所需的原材料、半成品或成品，通常需要向上游供应商预付账款。这种预付账款使得下游企业的资金被长时间占用，尤其是对于价值较高的产品交易，下游企业的资金压力更为突出，甚至导致无法抵偿购买商品的流动资金。因此，为了解决这一问题，预付账款融资应运而生。

预付账款融资模式是一种创新的融资方式，其前提在于上游企业作出的回购承诺以及第三方物流企业的信用担保。在这种模式下，中小企业利用金融机构指定仓库的既定仓单作为质押物，向金融机构申请贷款，以此缓解因预付货款而带来的资金压力。与此同时，金融机构将掌控中小企业的提货权，确保融资过程的安全性和风险的可控性。通过这一模式，中小企业能够有效地利用未来存货的价值进行融资，从而提高其运营资金的灵活性和流动性，促进供应链的顺畅运作。预付账款融资可以看作一种"未来存货的融资"，其担保基础是预付款项下客户对供应商的提货权，或提货权实现后通过发货、运输等环节形成的在途存货和库存存货。一旦货物到达指定仓库，融资企业便可以利用这些货物进一步申请存货融资，从而实现融资的连续性和无缝衔接。

（二）预付账款融资的具体模式

1.先票后货模式

先票后货模式，顾名思义，是指融资企业在收到货物前，先通过银行开具的汇票、信用证等方式支付货款，待货物到达指定地点后，再按照约定条件逐步提取货物的一种融资方式。这种模式主要适用于那些与上游供应商有长期合作关系，且对货物需求稳定、支付能力良好的企业。先票后货模式的运作流程如下。

（1）融资企业向银行缴存一定比例的保证金，以获取银行的授信额度。通过缴存保证金，企业向银行展示了其还款意愿和能力，为后续的融资活动奠定了基础。

（2）银行在收到融资企业的申请后，会直接将授信资金作为预付款支付给上游供应商。这一步实现了资金的快速流转，使得供应商能够及时收到货款，保证了供应链的顺畅运作。

（3）供应商在收到货款后，会按照购销合同以及合作协议书的约定，安排第三方物流公司发运货物。第三方物流公司会将货物发运到银行指定的地点，并以银行或银行指定的监管方为收货人。

（4）融资企业在提货之前，需要按照约定的比例追加一定数量的保证金以赎货。这体现了融资企业的还款责任，也为银行提供了额外的风险保障。

（5）银行收到融资企业的赎货款后，会通知监管方释放所抵押或质押的货物。

（6）监管方在收到通知后，会通过第三方物流公司将货物放货给融资企业。

在考察先票后货业务的风险时，银行需要关注以下三个方面。第一，上游企业的履约能力。融资企业必须对客户的发货速度、退款机制的完善性以及回购意愿与实力进行深入评估。客户的履约能力直接决定了业务能否顺利进行，也关系到资金的安全与回收效率。第二，防范在途风险，明确损失责任。由于货物在运输过程中可能遭遇各种不可预测的风险，因此供应链企业需要制定完善的在途风险管理制度，明确各方在风险发生时的责任与义务，确保损失能够得到及时、合理的处理。第三，货物入库环节的控制。供应链企业要确保货物入库的数量、质量与合同要求一致，防止因入库环节的疏忽而导致损失。同时，供应链企业要加强入库环节的监管与记录，为后续的货物管理提供有力支持。

2. 保税仓模式

保税仓模式是一种基于保税仓库的预付账款融资方式，它允许企业在未支付全额货款的情况下，先将货物存放于保税仓库，并通过向银行申请仓单质押贷款来缓解资金压力。保税仓模式的业务流程如下。

（1）买卖双方在达成购销意向后，共同向经办银行提出保兑仓业务的申请。

（2）买方凭借购销合同及自身信用状况，在银行获取仓单质押贷款额度，从而能够支付供应商部分或全部货款。

（3）银行对卖方进行资信审查，确保其具备稳定的供货能力和良好的商业信誉。审查通过后，银行与卖方签订回购及质量保证协议，为后续的融资活动提供法律保障。

（4）为确保货物在保税仓库的安全，银行与仓储监管方签订协议，明确双方的权利和义务，确保货物得到妥善保管。

（5）卖方在收到银行融资通知后，将货物运送至指定保税仓库，并获取相应的仓单。仓单作为货物的权属证明，为后续融资活动提供重要依据。

（6）买方按照银行要求，缴纳承兑手续费和一定比例的承兑保证金，作为获得融资的前提条件。

（7）卖方将仓单质押给银行后，银行根据买方申请开立承兑汇票，并交付给卖方。这一步实现了资金的流转和货物的权属转移。

（8）随着买方不断缴存保证金，银行按照约定比例释放相应的商品提货权。这一步确保了买方能够逐步提取货物，也为银行提供了风险控制手段。

（9）在保证金账户余额足够的情况下，买方获得完整的提货权，前往保税仓库提取货物。整个提货过程受到银行和仓储监管方的共同监管，确保货物安全无损。

（10）循环（8）～（9），若汇票到期时保证金账户余额不足，卖方须履行回购义务，回购仓单项下剩余的质押物。这一步确保了银行资金的安全回收，也维护了供应链的连续性和稳定性。

3. 国内信用证业务

国内信用证业务主要用于解决国内企业在商品交易中面临的信用风险问题。在这种模式下，银行根据买方（客户）的申请，开出符合信用证条款的单据，承诺在卖方提供符合条款的单据后支付货款。

通过国内信用证，交易双方可以在没有充分信任基础的情况下进行交易，因为银行的介入为卖方提供了货款支付的保证，同时为买方保障了按照约定条件收到货物的权利。例如，在公路建设等大型项目中，建设企业常常需要大量及时供应的钢材。如果建设企业的资金周转不灵，银行可以通过国内信用证业务为其提供资金支持，使其能够及时支付钢材供应商的货款，保证工程的顺利进行。此模式的另一个重要优势在于提高资金使用效率。通过使用国内信用证，企业可以在不直接动用自有资金的情况下获取货物。企业可以通过销售这些货物的收入来支付信用证款项，从而实现资金的周转。这对于资金压力较大的企业尤为有利，能够有效地缓解其资金压力，提高流动资金的使用效率。对于银行而言，国内信用证业务不仅是一个资金融通的工具，也是一种风险控制的手段。与传统的先票后货授信或担保提货授信相比，国内信用证在保障卖方利益的同时，通过对货权的有效控制，减少了因买方信用不足导致的风险。此外，银行还能在处理信用证的过程中获得中间业务收入，增加了银行业务的多样性和盈利点。

国内信用证业务的有效运作依赖于银行、买方和卖方三方的密切合作。银行需要严格审核开证申请，确保买方有足够的信用和偿付能力。同时，银行必须确保信用证的条款明确、合理，既能保护卖方的权益，也能确保买方按时获得所需货物。这种三方协同的工作机制，确保了国内信用证业务能够平稳、高效地运行，为我国的供应链金融业务增添了稳定而强大的支持。国内信用证业务的具体流程如下。

（1）买方和卖方签订购销合同。在此基础上，买方向其银行（即开证行）提交开证申请，要求开立一份可支付的延期付款信用证。

（2）开证行审核买方的申请后，如果同意，则向卖方的银行（即通知行）

发送国内信用证。

（3）通知行接收到信用证后，将其转发给受益人，即卖方。

（4）卖方在确认收到信用证，并核实其符合购销合同及信用证条款后，依据这些条件进行发货。

（5）发货完成后，卖方会准备相应的交易单据，并将这些单据提交给其银行（通知行，作为委托行处理）。

（6）委托行（即议付行）对卖方提交的单据进行仔细审核，确保单据的准确性和完整性。如单据无误，议付行将向卖方支付购货款。

（7）委托行（议付行）将这些单据发送给开证行，以处理委托收款事宜。

（8）开证行在收到全套单据后，进行审查以确保单据与信用证条款相符。一旦确认无误，开证行会向议付行支付款项或发出到期付款确认书。

（9）开证行在处理完上述支付后，会通知买方付款并赎回单据。

（10）买方向开证行支付相应的款项，并在收到符合信用证条款的单据后，完成提货过程。

三、存货质押融资

（一）存货质押融资的概念

存货质押融资是指需要融资的企业将其持有的存货作为担保物，出质给提供资金的企业，同时将质物委托给具有合法保管存货资格的物流企业保管和占有，以获取所需资金的业务模式。[1]

在存货质押融资中，借方通常是持有大量原材料、半成品或成品的生产和贸易企业。这些企业将其存货作为质押物，向贷方企业申请融资，贷方则根据质押的存货价值提供相应的贷款。这种方式可以使企业在不影响正常生产和销售活动的情况下，解决短期或季节性的资金周转问题。

为确保这一融资方式的安全性，存货质押通常涉及第三方物流企业。物流企业在此过程中扮演监管和保管的角色，负责对质押的存货进行管理和监督。物流企业不仅要对存货进行验收和评估，还要向贷方提供评估报告和其他证明文件，确保存货的真实性和价值。

---

[1] 彭媛，罗煌，谢淑芬. 互联网金融[M]. 北京：北京理工大学出版社，2022：208.

存货的种类可以非常多样，包括原材料、半成品、成品甚至企业的机械设备。因此，存货质押融资的适用范围广泛，可以覆盖从原材料采购到产品生产、存储及发货的各个阶段。企业利用存货质押融资可以减少在途货物对资金的占用，提高整体的运营效率，也为贷方提供了较为安全的贷款保障。

（二）存货质押融资的具体模式

1. 静态存货质押融资

静态存货质押融资主要面向那些无法提供其他类型质押物的客户，尤其是那些业务模式以批量进货和分次销售为主的贸易型企业。这种融资方式允许企业以自有或第三人合法拥有的动产为质押物，以获取必要的资金支持，同时确保贸易的正常运作。

在静态存货质押融资中，银行或贷款机构会委托第三方物流公司对客户的质押商品进行严格的监管。这种监管不仅确保了质押物的安全和完整，也防止了质押物在未经银行同意的情况下被随意处置或交换。此外，此类融资严禁以货易货的做法，客户必须通过支付现金来赎回自己的货物，这一措施进一步增强了融资的安全性和可控性。静态存货质押融资的实施对客户的运营模式和资金流动管理提出了更高的要求。由于融资与存货直接关联，企业需要准确预测市场需求，有效管理库存，以确保能够及时回笼资金并赎回质押物。在这一过程中，企业可以利用融资释放的资金进行更广泛的业务扩展或优化现有的运营结构。该融资方式对银行而言也具有较高的安全性。由于质押物由第三方物流公司监管，银行能够确保其价值不会因市场波动或不当管理而受损。同时，赎货机制的设置使得每次质押释放后，授信额度可以得到重新利用，从而为银行提供了持续的资金流转机会，降低了单一交易的风险。

然而，静态存货质押融资也存在一定的局限性。它要求企业必须有能力通过现金流赎回质押物，这对现金流紧张的企业来说是一大挑战。此外，由于商品处于静态，即在整个融资期间内通常不得动用，这限制了企业在市场机遇出现时的灵活性。

2. 动态存货质押融资

与静态存货质押融资相比，动态存货质押融资具有更高的灵活性和流动性，允许企业在保持一定价值的质押物的基础上，进行日常的货物出库和交易活动。在这种融资模式下，银行或贷款机构会对质押的商品价值设定一个最低限额，企业可以在不低于这一限额的前提下，自由地销售或交换库存中的货物。动态存货质押融资非常适合那些日常存在大量交易的企业，如批发商或零售商，它们可以通过持续的货物流通来维持和扩大其业务规模。为了确保这种融资方式的有效性和安全性，银行通常需要与企业建立密切的合作关系，进行定期的库存检查和价值评估。

动态存货质押融资的优势在于其能够极大地提高企业的资金使用效率。企业不需要每次出售库存时都重新进行融资申请，而可以在银行预设的信用额度内自由操作，这样不仅减少了融资的时间和成本，也为企业带来了更大的经营灵活性。然而，这种融资模式也要求企业有较高的库存管理能力和市场适应能力。企业必须能够准确预测市场变化，合理控制库存规模和结构，确保在满足银行安全要求的同时能够满足市场的需求。

3.仓单质押融资

仓单质押融资在我国是一种较为成熟的供应链融资方式，是指企业主要以存货的仓单为质押物获取贷款。仓单作为控制货物所有权的关键文件，具有法律上的承认性和安全性。企业将其存货存放于认可的仓库后，由仓库管理员出具仓单。此仓单详细记录了存货的种类、数量、质量等关键信息，并质押给银行或其他金融机构，企业因此可以获得与仓单所代表的货物价值相对应的贷款。

仓单质押融资可以分为标准仓单质押融资和普通仓单质押融资两种形式。标准仓单质押融资通常指的是使用由交易所认可、标准化、可在市场上自由转让的仓单进行质押。这类仓单因具有较高的流通性和安全性，使得融资过程更为便捷和安全，通常适用于大宗商品等高价值货物的融资。普通仓单质押融资则涉及非标准仓单，这些仓单虽然没有标准仓单那样的市场认可度和流通性，但仍可以作为质押物来获得贷款。普通仓单更多地适用于一般企业的日常库存融资，尽管其流通性较低，但对于本地或特定市场内的企业而言，仍然是解决短期资金周转不足的有效方式。

无论是标准仓单还是普通仓单，仓单质押融资的基本原则是货物实际上并未离开仓库，确保了货物的安全与完整。质押货物的控制权转移给了贷款方，而实际的货物仍由仓储企业控制。这种分离保证了质押的安全性，同时给予借贷双方足够的信心，支持交易的完成。

part 2

第二章　互联网供应链金融基础

第一节　互联网供应链金融概述

一、互联网供应链金融的概念

（一）互联网金融

互联网的主要功能是信息传播，它能在极短的时间内将信息分发至全球。它极大地减少了人们获取信息的成本，从而减少了信息不对称现象。在互联网时代到来之前，人们获取信息的能力受到身份和地域的限制，难以及时获取广泛的信息。随着互联网的普及，信息可以以接近零成本的方式迅速传播。用户可以从互联网上迅速获取来自各方的最新信息，这种多元化的信息也使得它不易受到单一声音的影响。当金融服务融入互联网后，社会的交易成本显著降低，金融市场的竞争变得更加激烈和公平，资金流动得到了更有效的监控。互联网为金融领域带来了平等、开放、协作、普惠等新特性。

关于互联网金融的概念，学术界比较有代表性的有以下几点。

（1）互联网金融受到互联网技术和互联网精神的影响，包含了从传统银行、证券、保险、交易所等金融中介和市场，到瓦尔拉斯一般均衡对应的无金融中介或市场情形之间的所有金融交易和组织形式，是既不同于商业银行间接融资也不同于资本市场直接融资的第三种金融融资模式。

（2）互联网金融是一种运用互联网技术及移动通信技术，为用户提供服务的创新型金融业务模式。

（3）互联网具有平等、开放、协作、普惠等特点，互联网金融基于这些特性，形成了一种更加开放的金融模式。它所提供的金融服务不是专属于少数高收入人群的，而是面向广大民众的。

（4）互联网金融是基于互联网技术和平等、开放、分享、协作的互联网思维的一系列与金融相关的产品和服务。

本书认为，互联网金融是指传统金融机构与互联网企业利用互联网技术和信息通信技术实现资金融通、支付、投资和信息中介服务的新型金融业务模式，是互联网技术和金融功能的有机结合。[1]

（二）互联网供应链金融

随着利率市场化进程的加快，商业银行之间的存贷利差正在逐步缩小。这种变化迫使银行寻求新的盈利途径，越来越多的商业银行开始进入供应链金融领域。与此同时，互联网金融由于互联网技术的快速发展，在短短几年内迅速成长为金融领域的重要分支。它不仅因技术和数据处理能力在传统金融领域占据一席之地，而且开始利用这些优势进军供应链金融领域。互联网金融正在成为影响传统金融格局和企业融资方式的关键力量。

互联网供应链金融是传统供应链金融在"互联网+"时代下与互联网技术、互联网金融形态等新兴事物相互影响、共同发展的产物，是基于供应链整体信用为中小企业提供融资的金融服务。[2]

二、互联网供应链金融的特点与优势

（一）互联网供应链金融的特点

互联网供应链金融的特点如图 2-1 所示。

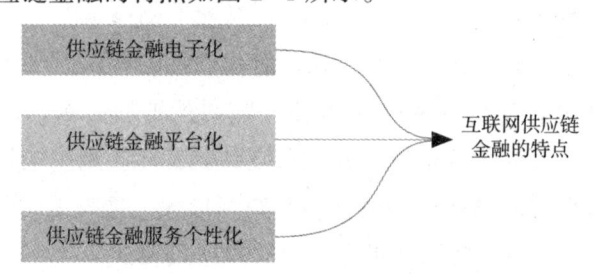

图 2-1 互联网供应链金融的特点

1.供应链金融电子化

互联网供应链金融作为金融领域的一大创新，其特点之一便是供应链金融电子化。这一特点不仅体现了科技与金融的深度融合，也展现了供应链金融在新时代背景下的升级转型。在互联网技术的推动下，供应链金融实现了从传统的线下模式向线上电子化模式的转变，为供应链各参与方提供了更为便捷、高效的服务。

---

[1] 蔡皎洁. 网络金融[M]. 北京：机械工业出版社，2021：134.
[2] 彭媛，罗煌，谢淑芬. 互联网金融[M]. 北京：北京理工大学出版社，2022：211.

具体来说，供应链金融电子化体现在多个层面。在业务操作层面，传统的供应链金融管理往往依赖于人工台账，效率低下且易出错。随着互联网的普及和信息技术的发展，商业银行等金融机构纷纷搭建供应链金融管理平台，实现了业务数据的电子化存储、处理和分析。这一转变不仅大大提高了业务处理的效率，还降低了操作成本和风险。在信息交流层面，供应链金融电子化实现了信息的实时传递和共享。通过企业间系统的直联对接，核心企业、物流企业、资金提供方等参与方能够实时获取供应链中的物流、商流、资金流、信息流等关键信息，实现"四流合一"。这种信息的在线传递和共享，使得供应链金融的决策更加精准、快速，也增强了供应链的透明度和可预测性。在客户服务层面，通过网上银行等渠道，融资客户可以方便地发起融资申请、还款申请以及查看融资信息、应收账款信息、库存信息等。这种在线化的管理方式打破了实地办理和网点受限的约束，使得客户可以随时随地享受金融服务，大大提高了客户的满意度。此外，供应链金融电子化还促进了金融机构与其他供应链参与方的深度合作。金融机构通过与核心企业及物流监管企业的直联对接，实现了交互信息的在线化管理，进一步减少了业务人员线下交互及沟通成本。同时，其他供应链参与方也利用其掌握的交易资源优势和客户资源优势，纷纷拓展供应链金融业务，形成了以供应链管理平台为基础的供应链金融平台的独立运行。这种深度合作不仅有助于提升整个供应链的竞争力，也推动了供应链金融业务的创新发展。

2.供应链金融平台化

随着金融科技的飞速发展，传统的以商业银行为主体的供应链金融服务模式正逐渐发生变化。核心企业、物流企业、供应链协作服务商以及电商平台等，凭借对各自产业领域的深刻理解和信息掌控，纷纷涉足供应链金融业务。供应链金融平台服务商不仅将核心企业、物流企业、协作服务商及金融机构所掌握的信息进行了有效的整合，还通过搭建开放、透明的服务平台，为供应链中的各方参与者提供了更为便捷、高效的金融服务。供应链金融平台化的实现离不开以下几类参与者。

（1）平台提供商。供应链金融线上业务的有效开展离不开互联网金融服务平台。平台提供商的主要职能有以下两种：呈现和操作。在呈现方面，平台提供商通过汇集和反映票据数据、信用证数据、采购订单数据以及应付账款等信息，为供应链金融参与各方提供了一个透明、高效的交互平台。这使得各方能够迅速获取所需信息，进行决策和风险管理。在操作方面，平台提供商负责开票、匹配、整合、支付处理、融资、信用证处理、文件管理等一系列操作过程。这些操作不仅简化了传统供应链金融的烦琐流程，还大大提高了业务处理的效率和准确性。平台提供商还致力于将呈现和操作这两大功能紧密结合，设计出成本更低、风险更小且能使多方从中获益的供应链金融方案。这种综合性的服务模式不仅提升了供应链金融的整体效益，还促进了供应链各参与方的紧密合作和共同发展。

（2）交易风险管理者。在供应链金融中，风险无处不在。交易风险管理者需要运用专业的知识和技能，对各类风险进行准确地识别和评估，制定相应的风险应对策略，确保供应链金融活动的稳健进行。交易风险管理者具有以下职能：第一，整合物流信息。物流信息是供应链金融中不可或缺的一部分，它反映了商品从生产到销售的全过程。交易风险管理者需要收集、整合和分析这些物流信息，以便了解供应链的实时运行状态和潜在风险。通过与物流服务提供商的紧密合作，交易风险管理者可以及时获取物流信息，并基于这些信息对供应链金融活动进行精准的风险管理。第二，推动信息技术的应用，利用大数据技术进行风险分析和预测。通过对海量数据的挖掘和分析，交易风险管理者可以更加准确地把握市场风险、信用风险等，为投资者提供更加客观、全面的风险评估报告。第三，与保险机构紧密合作，根据供应链金融的实际情况设计出符合市场需求的产品。第四，促进融资链条的顺畅进行。融资是供应链金融的核心环节，也是风险管理的重点。交易风险管理者需要通过对风险的精准把控，为供应链中的企业提供低成本、高效率的融资服务。交易风险管理者可以通过优化融资流程、提高融资效率等方式，降低企业的融资成本，增强供应链的竞争力。

（3）风险承担者或流动性提供者。此类参与方主要包括银行、PE（私募股权投资）、VC（风险投资）、保理公司等参与者，承担以下四种职能：第一，设立供应链金融业务标准。它们根据市场情况和业务需求，制定并推动实施一系列业务标准和规范，确保供应链金融活动的合规性和稳健性。这有助于减少业务操作中的风险，提高整体运营效率。第二，管理传统融资方式和供应链金融融资方式之间的冲突。在供应链金融中，传统的融资方式与新型的供应链金融融资方式之间可能存在一些差异和冲突。风险承担者或流动性提供者需要妥善处理这些冲突，确保各种融资方式能够相互协调、共同发展。第三，进行有效的风险管理。作为风险的真正承担者，它们具备专业的风险管理能力，能够识别和评估潜在风险，并采取相应措施进行防范和控制。通过有效的风险管理，它们能够确保资金的安全和稳定增值。第四，进行投融资的细节设计。它们根据市场需求和业务特点，设计具体的投融资方案，包括融资额度、期限、利率等要素。通过合理的投融资设计，它们能够满足企业的融资需求，同时实现自身的盈利目标。

3. 供应链金融服务个性化

传统的金融服务模式往往受时间和空间的限制，难以对供应链中的各个环节进行精细化的管理和服务。而互联网技术的引入打破了这些限制，使得金融服务能够更加灵活、高效地渗透到供应链的各个环节。通过大数据、云计算、人工智能等技术的运用，金融机构能够实时获取供应链中的交易数据、物流、资金流等关键信息，进而对供应链的风险和机遇进行精准评估。这种信息的高效传递和处理，使得金融机构能够根据不同供应链的特点和需求，设计出更加个性化的金融服务方案，满足客户的多样化需求。

服务个性化对于互联网供应链金融的发展具有重要意义。它不仅能够提升金融机构的服务质量和客户满意度，还能够增强金融机构在市场上的竞争力。通过提供个性化的服务，金融机构能够更好地满足客户的需求，提升客户的忠诚度和黏性。同时，个性化服务也能够为金融机构带来更多的业务机会和收入来源，推动其业务的持续发展和创新。

（二）互联网供应链金融的优势

1. 覆盖面广

传统的供应链金融主要依赖于资产的抵押或质押，这往往使得资产质量不高或者财务状况不佳的中小企业处于不利地位，因为它们难以提供足够的抵押物或质押物来获得所需的融资。

互联网供应链金融通过分析企业在交易、资金流、行为模式等方面的数据来评估信用风险和融资能力，而非单纯依赖企业的硬资产。这种以"数据"为核心的方法使得更多中小企业能够进入融资市场，尤其是那些传统银行和金融机构不愿意或无法服务的企业，如初创企业和那些在传统金融体系中被视为

"不符合标准"的小规模企业等。因此，互联网供应链金融能够服务更广泛的企业群体。此外，随着越来越多的金融科技公司和传统金融机构进入互联网供应链金融市场，新的融资模式和产品不断涌现，这进一步拓宽了互联网供应链金融的覆盖面。

2. 融资效率高

互联网技术的崛起，推动了供应链金融业务环节的标准化和自动化进程。这种自动化的信贷模式显著降低了融资过程中的交易成本，加快了处理速度，缩短了应收账款的周转期，从而极大地提升了整个供应链体系的效率，并提高了透明度。借助互联网供应链金融的线上人工智能处理方式，金融机构能够实现秒级审核与放款，极大地缩短了企业贷款申请过程所需的时间。同时，大数据技术也有效减少了信息不对称现象，使供求双方能够精准匹配，避免了因筛选、复核而产生的资源浪费和低效情况。

3. 数据资源丰富

互联网技术的广泛应用使得大量数据得以产生和积累，为供应链金融提供了丰富的数据资源。这些数据涵盖了供应链各个环节的交易信息、物流、资金流等数据。通过对这些数据的挖掘和分析，金融机构能够更加准确地评估借款人的信用状况、还款能力和潜在风险，从而作出更明智的融资决策。

下面从不同角度对互联网供应链金融与传统供应链金融进行比较，具体如表 2-1 所示。

表 2-1　互联网供应链金融与传统供应链金融的比较

比较项目	互联网供应链金融	传统供应链金融
参与主体	电商平台、银行、物流企业、融资企业、担保公司等	银行、核心企业、物流企业、融资企业等
授信条件	以数据为主，也有资产抵押	需要抵押或者担保
融资方式	线上人工智能自动服务	线下和线上均可
融资额度	单次融资额度较小	单次融资额度较大
融资费用	总体成本较低	沉没成本较高
融资频率	快	慢
营销模式	以线上营销为主	以核心企业为中心进行营销

续表

比较项目	互联网供应链金融	传统供应链金融
风险预警	可以实时监控预警	实时监控预警难度较大
风控难度	较高	较低

三、互联网供应链金融发展的理论基础

(一) 网络经济三大定律

1. 摩尔定律

摩尔定律是信息技术领域中的一条经典定律，最初由英特尔（Intel）的联合创始人戈登·摩尔（Gordon Moore）于1965年提出。该定律的内容是，在价格不变的前提下，集成电路上可容纳的元器件的数目为每18～24个月便翻一倍，其计算性能也随之增强。这一定律不仅预测了半导体及电子产品的发展速度，而且成为衡量信息技术进步的重要标准。

如果将由信息技术支撑的供应链金融服务看作产品，那么这项产品同样有摩尔定律特征。随着供应链金融需求的迅速增长，传统供应链金融业务受到其内部网络技术的限制，难以适应市场需求的扩展。相对地，互联网供应链金融得益于对信息技术的持续投资，其提供的供应链金融服务能够不断地扩大其服务范围，更好地满足市场需求。这种信息技术的融入和利用，成为传统金融机构互联网化、提升服务能力的关键驱动因素之一。

2. 梅特卡夫定律

梅特卡夫定律由罗伯特·梅特卡夫（Robert Metcalfe）提出。该定律指出，一个网络的总价值是网络中可互联节点数的平方。随着网络中节点数量的增加，其整体价值增长的速度会指数级上升。梅特卡夫定律强调了网络外部效应的重要性，即网络的价值在很大程度上由其用户的规模决定。

互联网供应链金融正是利用了网络外部效应，通过在其平台打造具体的消费场景，并不断优化其服务平台，有效地扩展了其金融产品和服务覆盖的范围。随着平台用户数量的增加，每个用户的加入都为网络带来了更多的价值，因为更多的用户意味着更丰富的数据和更多的交易机会，从而使得整个网络的效用和效率得到显著提升。

3.达维多定律

达维多定律的核心思想是，率先进入市场的人能够获得更大的市场份额和更高的利润。这是因为初期市场的占有者通常能够设定行业标准，形成顾客忠诚度，并构建难以逾越的竞争壁垒。

互联网供应链金融企业通过快速响应市场需求，率先推出创新的金融产品和服务，不仅可以快速占领市场，还能通过技术创新和服务优化建立起行业标准，使得这些企业能够在高度竞争的市场中保持领先地位。

（二）信息经济学理论

根据经典经济学理论，实现市场的帕累托效率的关键是确保信息的完整性和对称性。最初，互联网主要用于基本的信息搜集和传播，信息的接收通常是单向和单一渠道的。然而，随着互联网技术的快速发展和广泛应用，其功能已经从简单的信息处理转变为复杂的大数据分析、战略信息管理、双向互动和全面信息获取。在这种环境下，互联网供应链金融平台使得用户能够在特定时间点，通过集成信息的平台全面了解金融产品和服务，从而提高他们的决策质量和风险管理能力。

（三）长尾理论

长尾理论是网络经济时代兴起的一种新理论。根据长尾理论，过去那些看似需求不高或销量不佳的产品，在网络平台上却能够获得广泛的关注和购买。这些非热门产品虽然单个销量不高，但由于种类繁多，它们所占据的市场份额累积起来，可以与主流产品相匹敌，甚至更大。出现这种现象的原因是，网络平台的开放性和便捷性使得消费者可以更容易地找到和购买符合自己需求的产品。

以长尾理论为指导，互联网供应链金融企业应深入挖掘客户的隐性需求，不断设计出富有创意和个性化的金融产品，以满足不同细分市场的特定需求，进而增加自身的利润。

（四）金融中介理论

金融行业高度依赖信息。金融中介理论强调，金融中介机构在市场中扮演着关键的信息生产者角色，它可以通过提供信息减少交易双方之间的信息不对称。得益于网络技术在信息生成和传播方面的优势，互联网供应链金融中介极大地加快了信息传递的速度，并提高了信息收集的效率，同时降低了信息处理的成本。这些因素共同增强了金融中介在信息处理和提供方面的能力,有效提高了其在市场中的作用。

(五)平台经济理论

平台经济理论是近年来经济学领域兴起的一个重要分支,它主要关注平台型企业如何通过构建和运营双边或多边市场,实现资源、信息和价值的优化配置。在互联网供应链金融的发展中,平台经济理论起到了重要的理论支撑和指导作用。

第一,平台经济理论强调平台在连接供需双方、降低交易成本方面的关键作用。在互联网供应链金融领域,平台通过整合供应链上的各方参与者,包括供应商、生产商、分销商、金融机构等,形成了一个高效、便捷的信息交流和交易撮合机制。这种机制有效地降低了各方之间的信息不对称和交易成本,提高了资源配置的效率和灵活性。

第二,平台经济理论还涉及平台的竞争策略和治理机制。在激烈的市场竞争中,互联网供应链金融平台需要制定有效的竞争策略,以吸引和留住用户。同时,平台还需要建立完善的治理机制,确保交易的公平、透明和安全,维护平台的声誉和形象。

第三,平台经济理论还关注平台的网络效应和规模效应。在互联网供应链金融平台上,随着参与者的不断增加和交易的日益活跃,平台的价值和影响力也会不断提升。这种网络效应和规模效应使得平台能够更好地吸引和留住用户,进一步巩固其在市场中的地位。

第二节 互联网供应链金融的技术支撑

随着互联网技术的飞速发展,尤其是大数据、云计算、物联网、区块链、人工智能等技术的广泛应用,供应链金融市场上的信息不对称现象明显减少了。这些技术的推广大幅度降低了信息处理和交易的成本,简化了投资者获取信息的难度,为互联网供应链金融的兴起和发展创造了有利条件。

一、大数据技术

（一）大数据的概念

大数据是指在一定时间范围内使用常规软件工具无法被捕捉、管理和处理的数据集合，是需要通过新的处理模式才能使企业具有更强的决策力、洞察发现力和流程优化能力的海量、高增长率和多样化的信息资产。

（二）大数据的特征

大数据的核心特点可以用"4V"来描述，分别是大量（volume）、多样（variety）、高速（velocity）和价值（value）。

大量是指大数据的体量巨大。随着各种设备和应用，如社交媒体、移动应用和物联网设备的普及，数据的生成速度和规模都在爆炸性地增长。每天在社交媒体平台上产生的帖子、照片和视频数量是难以想象的，这使得数据的存储和分析变得更为复杂。有资料显示，到目前为止，人类生产的所有印刷材料的数据量是 200 PB，而历史上全人类说过的话的数据量大约是 5 EB。[1]当前，典型的个人计算机硬盘的容量为 TB 量级，而一些大企业的数据量已经接近 EB 量级。

多样描述的是数据类型的多样性。在传统的数据环境中，数据大多是结构化的，如数据库中的列和行。但在大数据环境中，数据类型远不止结构化数据。非结构化数据（如文本、图片、视频等）和半结构化数据（如 JSON、XML 等）都是大数据的重要组成部分。这意味着企业需要处理和分析各种数据格式，提取有意义的信息。

高速是指大数据的产生速度非常快，处理速度也很快，而且主要通过互联网进行传输。同时，大数据对时效性的要求很高。如果采集到的数据没有得到及时处理，最终会过期作废，而且客户的体验是分秒级别的，数据没有得到快速处理，就会给客户带来较差的使用体验，所带来的商业价值就会大打折扣。这是大数据区别于传统数据的显著特征。

价值是大数据中最关键的特征。尽管数据量庞大且复杂，但真正的挑战在于能否从中提取出有价值的信息，并将其转化为实际的行动和决策。这需要

---

[1] 牛少彰，童小海，韩藤跃. 移动互联网安全 [M]. 北京：机械工业出版社，2020：232.

高效的数据分析工具和技术,以识别模式、趋势和关联性,从而支持更好的决策。数据的价值并非自动显现,而是需要通过精确的分析和智能的解读才能实现。

(三)大数据的关键技术

1. 数据采集与集成技术

数据采集技术涉及系统从多种不同的数据源自动地收集数据,包括 API 调用、Web 爬虫、日志文件分析以及直接从数据库中提取数据等。

数据集成技术解决的是如何将来自不同数据源的异构数据整合在一起的问题。异构数据存在于不同的格式、结构或模式中,如结构化的数据库表、半结构化的 XML 或 JSON 文件以及非结构化的文本或视频数据。数据集成的过程通常涉及数据清洗、数据转换和数据归一化等多个步骤,目的是统一数据格式、解决数据质量问题(如去除重复、纠正错误、填补缺失值),并将其转换为易于分析的格式。常见的数据集成工具和平台包括 ETL(提取、转换、加载)工具、数据仓库、数据湖等。这些技术和工具帮助企业从分散的信息孤岛中抽取价值,提供一个统一的视图,从而支持更复杂的数据分析和业务决策过程。

2. 大数据查询技术

大数据查询技术主要负责从庞大的数据集中快速、准确地检索所需信息。传统的 SQL 数据库因其固定的数据结构和有限的并行处理能力,在处理大数据查询方面显得力不从心。因此,一系列专门为大数据设计的查询技术和语言应运而生。例如,Hive 提供了一种类似 SQL 的查询语言 HiveQL,使得拥有 SQL 背景的用户可以轻松地查询 Hadoop 存储中的数据。Impala 和 Presto 等内存计算引擎则用于执行实时或接近实时的数据查询,满足了对低延迟数据访问的需求。对于文档存储或键值存储,NoSQL 数据库通常提供自己的查询 API 或 DSL(领域特定语言)来进行数据检索。这些查询技术通常具有高度的分布式计算能力,能在多节点环境中并行执行查询任务,从而显著提高了查询速度和效率。因此,选择合适的大数据查询技术是实现高性能数据分析的关键。

3. 大数据分析技术

大数据分析技术是大数据技术的核心部分,其目标是通过对大量数据的分析,提取出有价值的信息和知识。其中涉及数据挖掘、机器学习、统计分析等技术。

数据挖掘是一种从大规模数据中发现模式和关系的技术。它涉及分类、聚类、关联规则、序列模式等多种技术。这些技术可以用来预测用户行为、发现异常、识别欺诈等。机器学习则是通过算法让机器从数据中学习，以作出预测或决策，而无须明确编程。其中包括监督学习、无监督学习、半监督学习、强化学习等多种方式。机器学习在语音识别、自然语言处理、推荐系统等领域有广泛的应用。统计分析是利用统计学的方法对数据进行分析和解释的过程。它可以帮助人们理解数据的分布、关系、趋势等。在大数据环境下，统计分析可以帮助人们从海量数据中提取出有价值的信息。

4. 数据可视化技术

数据可视化技术能够将复杂的数据集转化为直观的图形和图表，使得用户能够轻松理解数据中的模式、趋势和异常。

数据可视化工具，如D3.js、Tableau和Power BI等，提供了一系列强大的视觉元素和交互功能，极大地丰富了数据分析的可能性。这些工具通过提供折线图、柱状图、饼图、散点图等多种图表类型，以视觉化的方式展现数据，从而更直观地识别模式、趋势和异常。例如，折线图可以用来展示时间序列数据的变化趋势，而散点图则适合探索不同变量之间的关系。除了基本的图表功能，数据可视化工具还支持交互式操作，如缩放、拖动和筛选，这些操作不仅提高了用户体验，还允许用户深入探索数据，按需进行详细分析。通过交互式的数据可视化，用户可以根据自己的具体需求调整视图，如筛选出特定时间段或数据范围的信息，从而获得更精确的分析结果。这种灵活性和动态交互性使得数据可视化工具成为从业者在进行复杂数据分析时的强大助手，从而有效地支持决策制定过程。

（四）大数据对于互联网供应链金融发展的意义

大数据在互联网供应链金融领域的应用具有深远的影响，主要体现在以下几个方面。

第一，大数据技术通过拓展数据来源极大地增强了互联网供应链金融各环节的透明度。传统金融机构在提供贷款服务给中小企业时，通常面临信息不对称的问题，难以全面评估企业的业务状况和信用风险。大数据允许金融机构利用互联网、移动平台等非传统渠道收集大量实时数据，如市场动态、消费者行为、供应链活动等。这些信息不仅包括财务数据，还扩展到企业的运营、客户反馈和市场环境等方面，使得金融机构能够获得一个更全面、更动态的企业画像。这种数据的多维度和实时性显著提高了事前风险评估的准确性和相关性，从而指导更有效的贷款决策和信贷管理。

第二，通过对大数据的挖掘和分析，金融机构可以深入了解企业的财务健康状况、生产能力、资源消耗、市场表现和技术投入等情况。这一全方位的数据分析相较于传统仅依赖于财务报表的评估方法，能够更有效地识别潜在的财务造假和信用风险。例如，通过分析企业的电力消耗与产出关系，金融机构可以判断企业生产活动的真实性，从而评估其经营状况是否健康。这种方法能够显著降低因信息不足而导致的信贷损失。

第三，大数据技术促进了企业行为模式的快速分析和风险管理的创新。通过整合和分析大量非结构化和结构化数据，金融机构能够实时监控企业的运营状态，识别可能的风险点。例如，通过追踪企业的订单流动和现金流，金融机构可以及时发现供应链中的异常变化，预测潜在的财务问题，进而根据这些数据驱动的观察，构建动态的风险评估模型和风险控制体系，实现对供应链金融中风险的实时管理和应对。

二、云计算技术

（一）云计算的概念

云计算是一个按使用量付费的模式，它为用户提供了可用、便捷且按需的网络访问，从而使用户能够利用一个可配置的计算资源共享池。这些资源包括但不限于网络、服务器、应用软件和各种服务，这些都可以在需要时快速地提供给用户，并在使用后迅速回收，而这一切只需要很少的管理工作。

从狭义上看，云计算是一种 IT 基础设施的交付和使用方式，使用户可以通过网络以灵活、按需的方式获取所需的计算资源。从广义上看，它更多的是一种服务的交付和使用方式，这意味着不仅仅计算资源，甚至是计算能力，也可以像商品那样通过互联网流通。

（二）云计算的类型

按照是否公开发布服务，云计算可分为以下三类。

1. 公有云

公有云是一种云计算服务模型，其中第三方供应商提供计算资源和服务，并通过互联网对公众或多个组织开放。这种类型的云通常托管在供应商的数据中心，提供一组标准化的计算资源，如处理能力、存储和网络带宽，用户可以按需购买。公有云的主要优点包括成本效益、弹性和可扩展性。因为资源是在多个用户之间共享的，所以能实现规模经济，降低单个用户的成本。公有云通常适用于需要快速部署和扩展的场景，也适用于无须严格数据安全保障的应用。然而，由于资源是共享的，数据安全和合规性可能成为潜在问题。因此，公有云更适合用于非敏感、非关键性业务应用和开发测试环境。通过使用公有云，组织可以避免硬件和软件的前期投资与维护成本，同时受益于供应商提供的专业级别的运维和安全性。

2. 私有云

私有云是专为特定企业或组织设计的云计算环境，包括专用的计算资源和服务。与公有云不同，私有云通常托管在企业或组织自己的数据中心或者由第三方托管，但是资源不与其他企业或组织共享。私有云有两个优点：第一，提供更高级别的安全性和数据隐私，因为所有的计算资源都是内部使用，不通过公共网络传输，这使得私有云特别适用于需要严格遵守数据安全和合规性要求的组织。第二，由于资源不需要与其他用户共享，组织可以更灵活地自定义其资源和应用，以满足特定业务需求。私有云也更容易实现与现有IT基础设施的集成。

3. 混合云

混合云是一种综合了公有云和私有云特点的云计算环境，它允许数据和应用程序在两者之间自由流动和交互。这种模式提供了更多的部署选项，允许组织根据不同业务需求选择合适的云服务和配置。例如，敏感数据可以存储在私有云中以确保安全和合规，而不太敏感的数据和应用程序可以部署在成本更低、可扩展性更好的公有云中。这样，组织能够更灵活地管理资源，同时降低运营成本。混合云还有助于企业或组织实现数字化转型，因为它能更好地平衡性能、成本和安全性。这些优点让混合云成为各种行业和用户的理想选择，特别是对于那些有多样化计算需求和对数据安全有特殊要求的组织。

（三）云计算的架构

云计算技术层次结构分为物理资源层、资源虚拟化层、管理中间件层和SOA（面向服务的体系结构）构建层四层。

1.物理资源层

物理资源层是云计算技术层次结构的基础，它涵盖了所有必需的硬件和软件资源，包括计算机、存储器、网络设备以及数据库和软件。这一层主要负责提供计算能力、数据存储和网络通信功能。计算机负责处理和运行应用程序，存储器则用于数据的保存和备份。网络设备，如交换机和路由器，负责数据的传输和通信。数据库和软件则是运行各种应用和服务的基础。在物理资源层，所有这些组件都被配置和优化以支持更高层的虚拟化和服务操作。这一层的稳健性和可靠性直接影响云计算服务的整体性能和安全性。

2.资源虚拟化层

资源虚拟化层主要负责将物理资源抽象化并整合成统一的资源池，如计算资源池和数据资源池。这一层使得大量相同或类似的物理资源可以被统一管理和调度，进一步提高了资源的利用率。例如，通过高度集成的设计和管理，一个标准集装箱的空间可以容纳 2000 个服务器。同时，该层也需要解决与物理资源集成相关的一系列问题，如散热、故障节点替换和能耗降低等，以确保整个云环境的稳定运行。这一层的有效管理直接影响着云计算平台的性能和可靠性。

3.管理中间件层

管理中间件层在云计算体系结构中起核心作用，其主要任务是高效、安全地管理和调度各种资源，以便为上层应用提供稳定的服务。云计算的管理中间件负责资源管理、映象管理、用户管理和安全管理等工作。资源管理主要涉及云资源节点的均衡使用、故障检测以及对资源使用状况的监视和统计。映象管理则专注于处理用户或应用提交的任务，涵盖映象创建、部署、库管理和整个映象生命周期的管理。用户管理是云计算商业模式实施的关键环节，它提供用户交互界面，管理和识别用户身份，创建用户程序的执行环境，并进行用户使用的计费。安全管理则是全面保障云计算设施安全的关键，包括身份认证、访问授权、综合防护和安全审计。这一层的综合管理能力直接影响云服务的质量、安全和用户体验。

4.SOA 构建层

SOA 构建层在云计算架构中负责将云资源和能力封装成标准的 Web 服务，从而实现灵活、可复用的服务组件。这一层主要涉及服务的注册、查找和访问等核心功能。通过 SOA 体系，这些 Web 服务不仅可以被有效管理，还能按需被其他应用和服务调用,实现了资源的最大化利用和业务逻辑的快速迭代。因此,SOA 构建层不仅增加了云计算的灵活性和可扩展性,也提供了一种有效的方式来组织和管理复杂的资源和应用,从而提升了整体的业务效率和响应速度。

(四)云计算技术对互联网供应链金融发展的意义

首先,云计算通过提供弹性的资源和按需服务,大大优化了供应链金融所需的计算资源和数据存储。在传统模式下,金融机构需要投入大量资金建设和维护自己的 IT 基础设施。云计算使这些机构能够根据需要扩展或缩减资源,从而使得成本更加可控且效率更高。

其次,云计算为供应链金融中的不同参与者提供了一个共享平台,使得信息流动更为畅通无阻。云平台上的数据可以被供应链上的生产商、物流公司、零售商以及金融服务提供者共同访问和更新,这种实时的信息共享和处理能力显著提高了整个供应链的透明度和响应速度。例如,通过云平台,供应链金融各方可以实时查看库存情况、订单状态和资金流动,从而作出更快速和更准确的业务决策。

最后,通过云服务,小型和中型企业可以利用先前可能无法负担的高级金融工具和分析技术,从而在竞争中获得新的机会。云平台上的金融技术解决方案可以为这些企业提供定制化的金融产品,如动态定价、风险管理工具和资金流管理系统。此外,云计算的高度可配置性和模块化服务使得金融机构能够快速适应市场变化,轻松实现新服务的部署和测试,从而在保持创新的同时减少了技术风险。

三、物联网技术

(一)物联网的概念

物联网是通过利用射频识别、红外感应器、全球定位系统、激光扫描器等先进的信息传感设备,按照特定的通信协议,将各种物体与网络连接起来,以达到实现智能化识别、定位、跟踪、监控和管理目的的一种信息网络。换句话说,当人们能够为每一个单独的物体分配一个唯一的标识,并利用先进的识别技术、通信技术和计算技术将其与互联网连接起来时,这种广泛连接的网络就构成了物联网。

（二）物联网的特点

与传统的互联网相比，物联网具有以下鲜明的特征。

1. 全面感知

物联网的一个突出特点是其对周围环境的全面感知能力。利用射频识别技术、传感器、二维码及其他感知设备，它可以在任何时间、任何地点采集各种动态对象的信息。这种全面的感知能力确保了物联网可以提供实时、准确的数据，从而使人与人、人与物、物与物之间的通信和互动变得更加顺畅。

2. 可靠传输

物联网不仅涉及数据的采集，还需要确保数据可以被可靠地传输到目的地。为此，物联网利用了各种通信技术，如以太网、无线网和移动网，确保感知到的信息可以实时、无误地传送给预定的接收者。

3. 智能控制

除了数据的采集和传输，物联网还提供了对各种物体的智能控制功能。这意味着它不仅可以远程监控物体的状态，还可以进行远程操作，如调整设备的设置或执行特定的指令。这种智能控制使得人们可以更加便捷、高效地管理和操控各种设备和系统，从而真正实现了人与物的沟通。

（三）物联网的体系结构

物联网的体系结构通常可以分为以下三个层次。

1. 感知层

感知层是物联网体系结构中最基础的一层，主要负责收集信息。这一层包括各种传感器和执行器，它们的任务是从环境中获取数据和对环境进行物理操作。例如，温度传感器可以监测室内外的温度，而智能灯泡的执行器可以根据环境光线或预设条件调整亮度。这些设备不断收集数据，并将数据发送到更高层级进行进一步处理。感知层的技术挑战主要在于如何确保数据的准确性和实时性，还需要考虑设备的能耗和成本，尤其是在需要部署大量传感器的场合。

2. 网络层

网络层承担着将感知层收集到的数据传输到应用层的责任，它是物联网架构中的关键连接部分。这一层主要涉及的是数据的传输和处理，包括数据的接收、传输和必要的初步处理。网络层使用的技术包括各种无线协议，如Wi-Fi、蓝牙、ZigBee、LTE和LoRaWAN等，这些技术各有优势和特定的使用场景。Wi-Fi适合传输数据量较大的应用，而LoRaWAN则适合低功耗、长距离的数据传输。在网络层中，数据安全和隐私保护尤为重要，因为数据在传输过程中可能会被截获或篡改。因此，加密和安全认证机制是这一层不可或缺的部分。此外，网络层还需要处理设备连接的可靠性和网络的可扩展性问题。

3.应用层

应用层是物联网体系结构的顶层，负责处理和分析感知层收集的信息，以提供各种服务。通过应用层处理信息、执行业务以及向终端用户提供服务，整个物联网变得更连续、更智能。这一层的技术挑战主要在于如何从海量的物联网数据中提取有价值的信息，并将这些信息以直观有效的方式呈现给用户。此外，应用层还需要考虑用户交互设计，确保物联网应用的易用性和实用性。对于商业应用而言，如何挖掘物联网技术的商业价值也是应用层需要解决的关键问题。

（四）物联网技术对互联网供应链金融发展的意义

第一，物联网技术在互联网供应链金融领域的应用极大地优化了动产质押贷款的监管问题。在传统的动产质押贷款模式中，监管困难和监控成本高是普遍存在的问题，这增加了贷款的违约风险并抑制了金融机构的贷款意愿。物联网通过集成先进的传感技术、导航技术和定位技术，实现了物流特别是仓储和货运环节的实时可视化监控。这种技术的应用使银行能够实时掌握质押货物的状态和位置，有效减少了质押物的盗窃和误操作的风险，提高了动产质押贷款的安全性。同时，物联网技术的应用还能显著降低人工监管的需求，减少监管成本，提高监管效率。在物联网技术普及后，这种成本的降低为银行提供了更多的动力和能力来扩大对中小企业的贷款支持，进而带动整个动产质押市场的活跃和发展。物联网技术的这一应用不仅直接降低了金融机构的融资成本，还通过提高质押物品的监管能力和减少违约事件，间接提升了金融产品的整体质量和金融市场的稳定性。

第二，物联网通过其先进的RFID技术和EPC技术，实现了对供应链中每一件零件、每一件产品的实时跟踪和监控。这种全链条的透明度显著提高了信息的准确性和传输速度，使得供应链中的每个参与者都可以根据真实的市场需求作出响应，有效避免了因预测误差导致的库存积压和资金链紧张问题。此外，实时的数据反馈还使得供应链各环节能够更灵活地调整生产策略和物流部署，从而在整个供应链系统中形成有效的风险控制和成本优化机制。通过这种方式，物联网不仅改善了供应链的运营效率，也为供应链金融提供了更稳健的基础，减少了因供应链效率低下引起的金融风险。

四、区块链技术

（一）区块链的概念

区块是链式结构的基本数据单元，聚合了所有交易的相关信息，主要包含区块头和区块主体两部分。区块头主要由时间戳、默克尔树根等信息构成；区块主体一般包含一串交易的列表。

区块链在国际汇兑、信用证、股权登记和证券交易等金融领域有着潜在的巨大应用价值。

（二）区块链的特点

区块链的特点如图2-2所示。

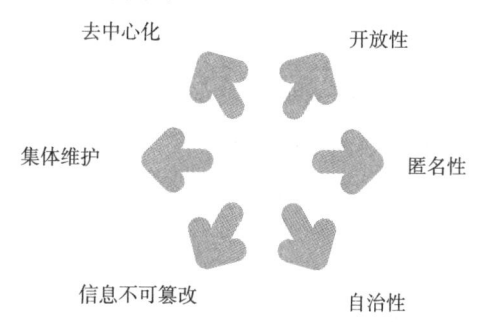

图2-2　区块链的特点

1. 去中心化

在传统的数据库系统中，数据存储通常依赖于中心化的服务器或数据中心，这意味着所有信息的处理和管理都集中在单一或少数几个节点上。相反，区块链技术通过分布式账本的形式，将数据的存储和验证分散到网络中的每一个节点上。每个参与网络的节点都持有完整的数据副本，参与数据的验证和记录过程。这种结构不仅增强了系统的透明度，还显著提高了数据的安全性，因为要改变网络中的信息，需要同时篡改网络大多数节点的记录，这在实际操作中几乎是不可能完成的。去中心化的设计还降低了系统对单一故障点的依赖，增强了网络的抗攻击能力和稳定性，使区块链成为处理敏感数据或实现关键业务操作的理想选择。

2. 开放性

区块链技术的开放性是指任何人都可以参与区块链网络，验证和记录交易。区块链网络通常是完全透明的，所有交易记录公开，参与者可以随时审查链上的所有历史记录，这种开放的审计轨迹提高了系统的信任度。此外，开放性还意味着区块链网络不受单一实体控制，这与传统的金融系统或商业数据库平台形成鲜明对比，后者通常由单一公司或机构掌控。开放的区块链网络鼓励创新和参与，因为开发者和企业可以在现有的区块链基础上构建应用，或者创建新的服务和解决方案。这种特性使得区块链技术具有极大的灵活性和扩展性，为各种行业的技术革新和服务改进提供了平台。

3. 匿名性

尽管区块链交易记录对所有网络参与者开放，但交易的双方通常是通过数字签名和复杂的哈希函数进行标识的，而非通过容易识别的个人信息，如姓名或地址。这种机制提供了一定级别的匿名性，使个体能在不暴露身份的情况下进行交易或数据共享。但这种匿名性并不是绝对的，人们通过高级的数据分析工具仍然有可能追踪到交易的实际参与者。同时，这一特性也带来合法性的挑战，如何在保障匿名性与防止非法活动之间找到平衡点是一个复杂的议题。

4. 自治性

自治性体现在通过一系列算法和协议，系统内的所有节点能够在没有第三方或中心机构干预的情况下，自主地进行数据交换和验证。基于协商一致的规范，如公开透明的共识算法，使得所有节点在一个去信任的环境中能够自由、安全地交换数据。这种方式减少了对"人"的信任，而更多地依赖于对机器和算法的信任。因此，人为干预或单一实体的操纵变得异常困难。每个节点都有权参与共识过程，也有责任维护和验证区块链上的信息。这种自治性使得区块链在维护数据的真实性、一致性和安全性方面具有自我调节的能力。不仅如此，自治性也促进了快速、低成本的交易处理，因为缺少中间层可以减少交易时间和成本。最终，这种高度的自治性赋予区块链能力，使其在金融、供应链、身份验证等应用场景中展示出强大的潜力。

5. 信息不可篡改

区块链技术的信息不可篡改性是通过其独特的数据结构和共识机制实现的。每个区块在区块链中不仅包含交易数据，还包含前一个区块的哈希值（一种数据加密的结果），并在新区块创建时生成自己的哈希值。哈希值的生成涉及所有区块内容的计算，因此任何对区块数据的微小改动都会导致哈希值的巨大变化，从而被网络其他节点轻易发现并拒绝这种篡改。此外，区块链通常采用的是多数共识机制，如工作量证明（PoW）或权益证明（PoS），这意味着要修改链上的信息，不仅需要重新计算被改动区块的哈希值，还需要重新计算该区块之后所有区块的哈希值，并且需要获得网络大多数节点的同意，这样高成本的要求使得信息篡改在实际中几乎不可能发生。这种强大的安全机制在很多场景中都非常有用，如防止金融欺诈、确保供应链的透明度以及保存关键的法律文件等。

6.集体维护

与传统的中心化系统相比，区块链不依赖单一的实体或中心服务器进行数据管理和维护，而是通过网络中的多个节点共同完成。这些具有维护功能的节点争相对新的交易进行验证，并将验证后的交易打包成新的区块添加到区块链上。因为大部分区块链项目是开源的，任何人都可以查看其源代码，甚至可以参与成为网络中的一个维护节点，增强网络的分布度和健壮性。集体维护不仅提高了系统的稳定性和抗干扰能力，还确保了网络的开放性和民主性。

（三）区块链的核心技术

1.分布式账本

分布式账本是指交易记账由分布在不同地方的多个节点共同完成，而且每一个节点都记录的是完整的账目，因此它们都可以参与监督交易，且具有合法性，也可以共同为其做证。

与传统的分布式存储不同，在区块链中，每个节点都按照链式结构存储完整的交易记录，而不是将数据分割成多个部分。此外，所有节点在地位上是平等的，存储的一致性是通过共识机制维护的，而不是依赖一个中心节点进行数据同步。这种分布式的设计极大地提高了系统的安全性。没有单一的记账节点意味着没有单点故障，从而减少了被攻击或被篡改的风险。在这个系统里，单一记账人被控制或贿赂的可能性几乎被消除，因为每一个交易都需要多数节点的确认才能被添加到账本中。同时，由于所有节点都存有完整的账目记录，理论上，除非所有节点都被同时破坏，否则数据不会丢失，从而确保了整个系统的可靠性和数据的安全性。

2. 非对称加密和授权技术

非对称加密技术，也称为公钥/私钥加密，它涉及两个密钥：一个公钥和一个私钥。公钥是公开信息，可由任何人用来加密信息；私钥则是保密的，仅被密钥的持有者知晓，用于解密信息。在区块链中，这一机制被用来确保交易的安全性。用户可以使用接收方的公钥来加密信息，而只有持有匹配私钥的接收方才能解密这些信息。此外，私钥也用于生成数字签名，这是证明信息未被篡改且验证发送者身份的一种方式。发送者使用私钥对交易信息进行签名，其他人可以使用相应的公钥验证签名的真实性。

授权技术确保只有经过授权的参与者才能执行特定的操作，如发起交易、访问数据或参与网络的共识过程。在某些区块链实现中，如企业级区块链或私有区块链，参与者需要通过严格的身份验证和授权才能加入网络。授权机制可以包括访问控制列表或更复杂的身份管理系统，确保网络中的数据交换和交易符合预定的政策和规则。

3. 共识机制

共识机制就是所有记账节点之间怎样达成共识，以认定一个记录的有效性。这既是认定的手段，也是防止篡改的手段。在这样的机制下，每个记账节点都参与验证和记录交易，只有当大多数节点认同一个交易才会将其添加到区块链上，从而确保系统的数据完整性和安全性。区块链有多种共识机制，如工作量证明、权益证明等，适用于不同的应用场景。这些共识机制在效率和安全性方面达成了不同程度的平衡。例如，工作量证明机制虽然安全但效率较低，而权益证明则相对更为高效但可能牺牲一定的安全性。通过精心选择或定制共识机制，区块链能够满足从金融交易到供应链管理等多种应用的特定需求。

4. 智能合约

智能合约是区块链技术中的一种自动执行协议，它以代码形式存储在区块链上。它不仅仅是一份合同文本，更是一个可执行程序，当预定的条件得到满足时，相应的合约条款会被自动执行。这种自动化减少了人为错误和违约的可能性，也降低了执行成本。在商业交易中，智能合约消除了对第三方或中介的需求，因为合约逻辑一旦部署到区块链上就无法更改，使各方的利益和承诺得到保障。另外，执行智能合约通常需要支付一定的"燃料"或手续费，这是为了激励网络节点参与验证交易。通过智能合约，各行各业可以实现更高效、更安全的自动化操作，如金融交易、物联网、供应链管理等，它将信任从个人或中介机构转移到了技术和代码，极大地推动了信任经济的发展。

（四）区块链技术对互联网供应链金融发展的意义

区块链技术对互联网供应链金融发展的意义主要体现在以下三个方面，如图 2-3 所示。

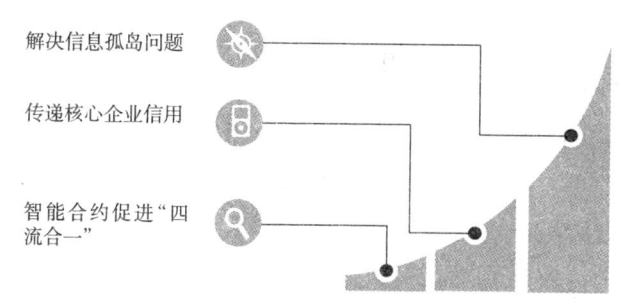

图 2-3　区块链技术对互联网供应链金融发展的意义

1. 解决信息孤岛问题

供应链涉及众多独立运营的企业，每家企业都持有与自己业务直接相关的敏感商业信息，这种结构通常导致这些企业之间缺乏必要的信任，难以进行有效的信息共享。这不仅影响了企业间的协同作用，还使得金融机构难以验证涉及的业务信息的真实性、准确性和完整性，因此不得不投入大量资源进行业务审核和背景调查。区块链通过其分布式账本技术和先进的加密方法，能够将各个供应链企业纳入一个统一的区块链平台中。在这个平台上，不但数据得到了充分的保护以确保隐私安全，而且所有记录仍保持不可篡改和可追溯的特点，从而确保了业务信息的真实性和准确性。这使得金融机构可以更有效地实现对供应链各环节的信任穿透，降低了运营成本并提高了效率。

2. 传递核心企业信用

区块链技术通过其固有的不可篡改和可追溯的特性，极大地强化了供应链金融中的信用体系。在传统供应链金融模式下，供应链中的核心企业的信用背书往往难以有效传递给下游小微企业，导致这些企业面临较高的融资成本和难度。区块链通过将金融资产数字化，并在链上记录每一次交易和信用的转移，使得这些信息透明化和标准化，从而保证了信用的有效传递。这不仅提升了链条中每个企业的信用可见性，还允许更远端的供应链参与者依托核心企业的高信用等级获取更优惠的融资。区块链的应用能够解决供应链金融中的信息不对称问题，降低整个供应链的融资成本，提升资金流的效率和安全性。

3. 智能合约促进"四流合一"

在供应链金融中，区块链技术通过智能合约的应用能够有效地整合"四流"（即商流、物流、信息流和资金流）。传统的供应链管理靠纸质合同约束和管理参与方，这种方式往往面临履约风险。区块链平台利用智能合约能够自动执行合同条款，从而将商流带入链上环境；同时，人们通过物联网技术可以将实时的物流信息上传到区块链，实现物流的透明化和可追踪性。此外，在商品或原材料交割时，区块链还能自动处理商品归属权的转移和债权的清算，确保信息流的准确性和实时更新。配合银行的独立账户系统，智能合约还能在所有权和债权转移或清算时触发自动执行机制，从而完成资金的即时结算。这样，整个供应链上的商流、物流、信息流和资金流得以高效地融合和自动化管理，形成了一个完整的闭环系统，极大地提高了供应链金融的效率和安全性。

五、人工智能技术

（一）人工智能的概念

人工智能是一门致力于模拟、扩展和扩充人的智能的科学和工程学科。其核心目标是使机器具备类似人类的认知、感知、推理、学习和自适应能力，从而能解决复杂的问题、进行决策和完成特定任务。与传统编程不同，人工智能不仅能执行预定的指令，还能通过算法和模型理解和解释数据，作出推断或者生成新的数据。

（二）人工智能的分类

根据人工智能是否能真正实现推理、思考和解决问题，人工智能可分为弱人工智能和强人工智能。

1. 弱人工智能

弱人工智能主要针对特定任务或问题领域，具有高度专门化和限制性的智能。这种人工智能没有自我意识、情感或全面的认知能力，仅用于解决特定类型的问题。例如，语音识别系统、图像识别算法或者用于高频交易的算法。这些系统在其设计的特定任务上表现得相当出色，但如果任务或问题领域有所变化，它们通常需要重新设计或调整。因为它们缺乏灵活性和适应性，所以不能进行广泛的推理或适应新任务。

2. 强人工智能

强人工智能则是一种理论性的人工智能形式，目标是创建一个能够执行任何智能任务的系统，这些任务原本需要人类智能完成。这种人工智能将具有自我意识、推理、解决问题、规划、学习、通信和感知环境的能力。与弱人工智能不同，强人工智能能够在多个领域内灵活应用，不需要为每一个新任务重新编程或调整。理论上，强人工智能应该能够理解、学习和应用人类的情感。然而，尽管科学家和工程师取得了一定的进展，强人工智能目前还处于探索和研究阶段，尚未实现全面的应用。

（三）人工智能技术体系

现阶段人工智能涵盖智能感知、数据标签与标注、深度学习、决策与执行、AI能力评价五大关键要素，每个要素均有对应的技术支撑，下面进行简要介绍。

1. 智能感知

智能感知作为人工智能的关键组成部分，是机器与环境交互的桥梁。通过复杂的传感器技术、计算机视觉和自然语言处理，智能感知不仅使机器能够获取视觉、听觉、触觉等多维度的信息，而且能将这些信息转化为机器可理解和处理的数据。在这种转化的基础上，机器能够更准确地识别对象、解读自然语言或者理解环境变化，为更高级的决策与执行提供有力支持。在现实应用中，智能感知广泛应用于自动驾驶、健康监测、智能家居等领域。

2. 数据标签与标注

作为机器学习的前置步骤，标签与标注为原始数据提供清晰、结构化的标记，使得算法能更准确地识别和理解这些数据。这一过程通常涉及复杂的数据补全、分类、理解和纠错等工作，并通过研究新的人工智能方法和认知计算架构，以数据驱动与数据引导的方式，建立标准技术与方法体系。数据标签与标注应用范围广泛，从简单的图像识别到复杂的自然语言处理任务，为后续的深度学习和决策执行提供了必要的输入。这也是大规模数据认知、提取和输出服务不可或缺的一环，特别是在面向特定行业应用的数据服务技术中发挥着重要作用。

3.深度学习

深度学习是人工智能的核心部分，它专注于通过模拟人脑结构来解析和学习数据。在复杂的神经网络结构中，这种模拟实现能够使机器像人类一样理解和解释图像、声音和文本等多种类型的数据。从机器学习的基础理论到高级的学习方法，以及专门为深度学习设计的硬件芯片和学习计算平台，这一领域不断推动着人工智能的边界扩展。深度学习在自然语言处理、图像识别、语音识别和无数其他领域有着广泛的应用，正成为支撑现代人工智能发展的关键技术。

4.决策与执行

通过模拟人的思考和行为模式，人工智能可以根据预设的状态信息进行自动决策，并快速执行相应的操作。这一过程经历了从机械到电子，再到数字，最终到软件的多个发展阶段，各阶段都是基于科学原理实现的。这种自动化的、用户友好的决策与执行功能不仅限于单一应用，而是广泛应用于多个行业，如智能制造、智能教育、智能医疗、智能金融、智能农业和公共安全等。这样的广泛应用使得人工智能决策与执行成为连接技术与实际应用的重要桥梁。

5.AI能力评价

AI能力评价是对人工智能各主要组成要素，如智能感知、数据标签与标注、深度学习和决策与执行的效果进行系统性评价的活动。该评价旨在针对这些要素的性能进行持续的检查和反馈，以促使其不断优化和提升。在智能感知环节，评价关注提升机器的类人感知能力，确保信息采集与解析更为准确和高效。对于数据标签与标注，评价的重点在于提升数据处理的智能化水平，确保更高的准确性和效率。在深度学习方面，评价聚焦于高性能计算构架的优化，旨在提高学习模型的准确性和运算速度。而在决策与执行环节，评价通过多样化的场景应用来测试和优化系统的决策逻辑和执行效率。综合这些方面，AI能力评价形成了一套全面的标准和方法，对推动人工智能技术的不断完善和应用落地起到至关重要的作用。

(四) 人工智能技术对互联网供应链金融发展的意义

第一，人工智能技术在决策自动化方面的应用极大地提高了供应链金融的效率。AI系统能够通过学习大量的历史交易数据，自动识别并执行最优的供应链金融决策。例如，AI可以分析市场需求波动、供应商的可靠性以及成本效益，自动为企业推荐最合适的融资方案或支付条款。这种自动化不仅减轻了人力的负担，也缩短了决策时间，提高了整个供应链的响应速度和灵活性。

第二，人工智能在优化客户服务方面同样发挥了重要作用。通过利用聊天机器人和自然语言处理技术，金融服务机构能够提供全天候的客户服务，解答客户关于融资产品、支付状态和交易流程的查询。此外，AI技术还能根据客户的行为和偏好提供个性化的服务和产品推荐，增强客户体验，提升客户满意度和忠诚度。

第三，在风险管理方面，人工智能技术通过预测分析为供应链金融提供了强大的支持。AI模型可以分析和预测市场趋势、客户信用行为以及潜在的风险事件，帮助金融机构在发生财务风险之前采取预防措施。例如，AI可以监测异常交易活动，及时发现欺诈行为，减少金融损失。同时，通过持续学习和适应市场变化，AI模型能够不断优化风险评估模型，提高金融服务的安全性和可靠性。

第三节　互联网供应链金融的发展

一、互联网供应链金融的发展成果

（一）商业银行供应链金融的互联网迁移

商业银行主导的供应链金融在互联网的驱动下经历了转型和升级。传统意义上，商业银行通过提供信贷支持和结算服务来满足供应链中各方的金融需求，但这主要限于线下交易和传统的银行渠道。随着互联网技术的发展和普及，商业银行开始将这些服务迁移到互联网平台上，以提供更加便捷、高效和透明的金融服务。这种互联网迁移不仅使得供应链金融服务的可达性大幅提升，还促进了金融产品创新。

目前，我国主要商业银行的互联网供应链金融平台如表2-2所示。

表2-2　我国主要商业银行的互联网供应链金融平台

商业银行	互联网供应链金融平台	平台功能
光大银行	阳光供应链云平台	可以在线完成融资申请、审批和放款等业务流程
平安银行	橙e平台	提供预付款线上融资、存货线上融资、线上反向保理、电子仓单质押线上融资、核心企业协同、增值信息服务、公司金卫士等产品
招商银行	网上企业银行平台8.0版	开展应收账款池融资、票据池、电子订单融资、网上保兑仓、在线发票融资等业务。综合现金管理工具与网络平台，涵盖小企业商务交易、现金增值、便捷融资、电子供应链金融等领域
中信银行	上下通融	从供应链全流程、前后端出发，设计了包括订单贷、应收账款保理以及消费贷的"接力融资"模式
工商银行	电子供应链	为供应链中的核心企业及其上下游企业提供供应链会员管理、供应链信息管理、融资、结算等综合性金融服务
农业银行	E商管家	供应链管理、多渠道支付结算、线上线下协同发展、云服务等。企业可以实现自身以及供应链上下游财务结算、采购销售、营销配送等全方面管理

（二）互联网公司开展的供应链金融

互联网公司在供应链金融领域的发展已成为金融创新的重要方向。这些公司利用先进的技术手段，如大数据和征信技术，推动了供应链金融服务的多样化和个性化。互联网公司开展的供应链金融活动，其主要资金来源包括银行合作资金、企业自有资金。互联网公司开展的供应链金融主要是电商平台主导的互联网供应链金融，通过整合自身庞大的交易数据和用户信息，利用大数据分析技术进行信用评估，从而能够提供更加精准和高效的金融服务。例如，基于用户的购物历史和支付行为来决定信用额度和贷款条件。这种数据驱动的信贷模式不仅简化了贷款审批流程，还大大缩短了贷款发放的时间，极大地提高了资金的周转效率。

电商平台主导的互联网供应链金融服务为供应链上下游的小微企业融资提供了资金支持。通过分析这些企业在平台上的交易记录、评价信息和退货率等数据，互联网公司可以对它们的经营状况和信用状况作出更准确的判断，并据此提供贷款服务。这种服务模式有效降低了银行信贷的门槛，帮助大量小微企业解决了资金周转问题。

（三）核心企业、物流企业、综合性第三方平台等主导的互联网供应链金融

1. 核心企业主导的互联网供应链金融

核心企业在产业链中的领导地位赋予了它们在互联网供应链金融领域的独特优势，这使得它们能够有效地推动行业内的金融创新和资源整合。通过搭建专属的金融平台，这些企业不仅增强了对供应链上下游的控制力，而且利用自身在行业中的深厚经验和专业知识，构建了强大的风险控制能力，并优化了资源的集聚和配置。

核心企业在互联网供应链金融领域的发展具有以下优势。

第一，核心企业能够迅速动员供应链中的各方，包括上游供应商和下游分销商，积极参与供应链金融活动。这种快速的组织能力使得供应链运作更为高效。同时，通过整合各方的需求和资源，这些企业能够在供应链金融领域内提供更为精准和及时的服务。

第二，核心企业通常拥有较强的市场地位和谈判能力，这使得它们能够在供应链中施加较大的影响力，通过提供或调控信贷、保理和其他金融服务，直接影响供应链各环节的资金流动。这种能力在处理信用风险和流动性风险时尤为重要，因为它们可以基于对行业和市场的深刻理解，制定出更为有效的风险管理策略。

第三，核心企业具有较强的资源集聚能力。通过建立自己的金融平台，这些企业不仅能提供基础的融资服务，还能通过获得各类金融牌照，进一步扩展其服务范围。这样的平台不仅能吸引更多的资金流入，也能为其供应链中的小微企业提供多样化的金融产品，帮助它们解决融资难题，促进整个产业链的稳定和发展。

2. 物流企业主导的互联网供应链金融

随着互联网技术的应用，物流企业开始利用其大数据优势开展供应链金融服务。例如，顺丰速运通过其金融子公司顺丰财富，利用物流数据分析，为客户提供货物保险、融资租赁等金融产品。顺丰的这种模式不仅提升了自身的业务增值能力，也为客户提供了更加便捷的金融服务，增强了客户黏性和市场竞争力。

3. 综合性第三方平台主导的互联网供应链金融

综合性第三方平台指那些非传统金融机构，它们通过互联网技术提供综合性的供应链管理和金融服务。此外，平台还通过合作伙伴关系，整合各类资

源，为中小企业提供一站式的供应链金融解决方案，包括信用评估、贷款申请、资金管理等。

二、互联网供应链金融的发展趋势

在互联网技术的推动下，供应链金融得到了迅速发展，并对各行各业产生了深远的影响。未来，得益于国家政策的支持和"互联网+"时代的浪潮，众多参与者，如商业银行、供应链中的核心企业、物流企业和电商平台等，将利用各自的优势在供应链金融领域展开合作与竞争。我国互联网供应链金融的发展将呈现以下明显的趋势。

（一）形成供应链金融生态服务圈

在大数据、物联网、区块链等技术的支持下，供应链金融未来可实现商业银行或其他金融机构、核心企业、电商巨头等互联网供应链金融参与方的资源整合、信息共享、利益共赢，以"在线互联+风险控制+产融结合"的形式，充分发挥互联网供应链金融的"网络化、精准化、数据化"的三大优势，打造一个富有竞争力的实体产业链金融生态圈。供应链金融本身就已经为风险防控提供了保障，通过互联网实现"物流、商流、资金流、信息流"的整合，确保金融生态圈的良性循环和健康稳定运行。[1] 在互联网、产业链、金融三个要素的深度融合下，供应链金融服务平台的崛起成为可能。这些平台将供应链由传统的线性结构转变为更加灵活、开放的网状结构，从而形成一个新型的、开放的金融生态圈。参与者可以充分发挥各自的优势，共同推动供应链金融的创新和发展。

（二）深耕垂直细分领域，实现精细化运营

互联网的力量为供应链金融带来了前所未有的拓展空间，使其成为一个理论上边界模糊的庞大"生态系统"。在这个生态系统中，焦点企业凭借对数据的深入掌握，能够针对融资企业的具体需求，提供量身定制的融资服务与个性化的融资产品。

考虑到不同产业链上的企业在金融服务需求上存在着差异，以及产业链本身的复杂性，供应链金融服务的提供者若试图覆盖所有行业的企业，显然是不

---

[1] 康翠玉. 互联网背景下供应链金融的发展趋势研究 [J]. 长春金融高等专科学校学报，2018（3）：62-65，70.

现实的。相反，它们必须依托自身的数据优势，对自己的客户群体进行精准定位，找到具有明显优势的一条或几条供应链，通过深度挖掘释放供应链金融的潜在价值。要实现为各垂直细分供应链上的企业提供个性化的供应链金融产品和服务的目标，供应链金融服务的提供者必须对行业属性及行业特征有深入的理解和精准的把握，凭借深厚的行业知识和敏锐的洞察力对市场需求进行准确的判断，从而开发出符合企业需求的金融产品。

随着社会分工的日益精细化和纵深化，未来必然会出现更多专业化、垂直化的业务平台。这些平台将集信息咨询、交易、担保、投融资等服务于一体，致力于从各自行业的精耕细作中挖掘更多的价值空间。这些平台不仅将为企业提供更加便捷、高效的金融服务，还将在推动供应链金融的健康发展方面发挥重要作用。

（三）绿色可持续，助力低碳经济发展

在全球应对气候变化、推动绿色发展的背景下，互联网供应链金融也将积极拥抱绿色可持续的发展理念。通过引入绿色信贷、绿色债券等绿色金融产品，互联网供应链金融可以引导资金流向环保、节能、清洁能源等绿色产业和项目，推动产业结构的优化和升级。同时，互联网供应链金融还可以利用技术手段，对供应链中的环境风险进行识别和评估，促进供应链的绿色可持续发展。

互联网供应链金融的绿色发展理念不仅有助于提升企业的环保形象和社会责任感，还符合全球绿色发展的趋势和要求。随着全球气候变化影响的日益严重，各国政府纷纷出台政策，推动绿色低碳发展。而互联网供应链金融作为金融服务的一种创新模式，可以积极响应政府政策，引导资金流向绿色产业和项目，推动产业结构的优化和升级。此外，互联网供应链金融的绿色发展还具有深远的经济意义。绿色产业的发展不仅可以推动经济的绿色转型，还可以创造更多的就业机会，提高人民的生活水平。同时，绿色产业的发展还可以带动相关产业链的发展，形成良性的经济循环。

然而，要实现互联网供应链金融的绿色可持续发展，还需要克服一些挑战。例如，如何确保绿色金融产品的合规性和可持续性，如何建立有效的环境风险评估体系，如何提升投资者的绿色投资意识等。因此，未来互联网供应链金融需要在技术创新、政策引导、市场培育等方面持续努力，推动绿色发展理念的深入实施。

part 3

第三章 电商平台主导的互联网供应链金融模式

第一节　电商平台主导的互联网供应链金融概述

随着互联网的普及和技术的不断进步，电子商务行业得到了迅猛的发展，电商平台成为商品交易的重要场所。同时，传统供应链金融模式已无法满足现代企业的融资需求，特别是在中小微企业融资方面存在着诸多痛点。在这样的背景下，电商平台主导的互联网供应链金融应运而生。电商平台主导的互联网供应链金融也称电商平台供应链金融，它充分利用电商平台的数据优势，将供应链金融与互联网技术相结合，为供应链上下游企业提供更加高效、便捷的融资服务。

一、电商平台供应链金融的概念

电子商务平台，简称电商平台，是指由企业或个人创建的在线交易场所。该平台依据既定的交易流程和服务规范，为买家和卖家提供中介服务。这包括但不限于发布和搜索供需信息、交易的达成和支付结算以及物流配送和售后服务。对于企业和商家而言，它们可以利用电商平台所配备的网络基础设施、安全支付系统以及管理平台等资源，实现成本的降低和运营效率的提升。而对于消费者来说，他们可以通过电商平台搜索和浏览各类信息，从而选择并购买自己所需的产品和服务。

电商平台供应链金融是指电商企业在获得小额贷款牌照的基础上，利用云计算、大数据等技术整合各种交易信息，集成物流、资金流、商流和信息流，评估融资企业的信用状况，运用其自身资金或外部商业银行的资金，为合作企业提供金融服务的模式。

二、电商平台供应链金融的优势

（一）覆盖的上下游中小企业数量众多，服务范围广泛

电商平台作为一个开放性的交易场所，吸引了大量的中小企业入驻，这些企业涵盖了各个行业和领域，形成了庞大的供应链网络。这些企业之间的交易

行为、物流信息、资金流动等数据，都被电商平台实时记录和分析，为供应链金融业务的开展提供了有力的数据支撑。由于电商平台上的中小企业数量众多，因此其服务范围也极为广泛。无论是电子产品、家居用品还是其他各类商品，电商平台都能够提供全方位的供应链金融服务。这种广泛的覆盖范围，使得电商平台能够满足不同行业、不同规模企业的融资需求，进一步促进了供应链金融的发展。

（二）操作便捷，能够降低融资成本，提升资金周转速度

线上操作的便捷性是电商平台供应链金融的一大亮点。传统的供应链金融模式往往涉及烦琐的线下操作，包括大量的纸质文件、漫长的审批流程以及复杂的物流和信息流管理。而基于电商平台的供应链金融则通过线上化、数字化的方式，极大地简化了操作流程。企业只需在电商平台上提交融资申请，平台便能通过先进的云计算和大数据技术，快速分析企业的交易数据、物流信息以及信用记录，实现快速审批和放款。这种线上的操作方式不仅提高了融资效率，也降低了企业的操作成本。

更重要的是，电商平台供应链金融能够降低企业的融资成本，加快资金周转。传统的融资方式往往因为信息不对称和风险评估的困难，导致中小企业融资成本高。而电商平台通过整合供应链上的各种信息，实现了对企业信用状况的精准评估，降低了金融机构的风险，进而降低了企业的融资成本。此外，电商平台还能够实现资金的快速匹配和流转，确保资金在供应链上的高效利用，进一步加快了企业的资金周转速度。

这种线上操作的便捷性和融资成本的降低，对于中小企业来说具有重大意义。中小企业往往面临融资难、融资贵的问题，而电商平台供应链金融的出现，为它们提供了一个更加便捷、高效的融资渠道。通过电商平台，中小企业能够更加容易地获得所需的资金，用于扩大生产、改善经营、提高竞争力。同时，资金的快速周转也能够帮助企业更好地应对市场变化，提高经营效率。

（三）促进互联网供应链金融生态的优化与协同

电商平台作为供应链中的重要参与主体，连接着上游供应商、生产商和下游分销商、消费者，形成了一个庞大的供应链生态系统。基于电商平台的互联网供应链金融通过整合这一生态系统中的各类资源，实现了供应链的优化与协同，具体体现在以下几个方面。

首先，电商平台利用自身的数据优势和信息技术手段，对供应链上的物流、信息流和资金流进行全面监控和管理。通过对这些信息的实时分析和处理，电商平台能够准确掌握供应链的运作状况，及时发现和解决潜在问题，提高供应链的运作效率。其次，基于电商平台的互联网供应链金融通过提供融资支持，帮助供应链上的中小企业解决资金问题，促进了供应链的健康发展。这些资金可以用于采购原材料、扩大生产规模、优化库存管理等，从而提高了供应链的整体效益。此外，电商平台还可以通过与金融机构的合作，为供应链上的企业提供更全面的金融服务，如支付结算、信用担保、保险等。这些服务不仅满足了企业的多样化需求，也增强了供应链的稳定性。最后，基于电商平台的互联网供应链金融还促进了供应链上各方之间的信息共享和合作。通过电商平台，供应商、生产商、分销商等可以更加紧密地联系在一起，共同应对市场变化和挑战，实现供应链的协同发展。

三、电商平台供应链金融的业务类型

（一）应收账款融资

电商平台供应链金融的业务类型中，应收账款融资是一种最常见的融资模式。它建立在企业间真实商品交易的基础之上，通过利用这些交易所产生的应收账款，银行与电商企业共同为中小微供应商提供高效便捷的融资服务。

在供应链的上游环节中，企业销售产品时经常会产生大量的应收账款，特别是在面对议价能力强、谈判地位高的下游客户时，应收账款的账期可能会相当长，有时甚至达到半年之久。这样的资金占用情况，对于资金流相对紧张的中小供应商来说，无疑是一个沉重的负担。为了缓解这种资金压力，中小供应商通常会选择进行应收账款融资，将应收账款进行质押或者直接转让给银行。在这种模式下，应收账款的回收成为首要的还款来源，确保了融资的安全性和稳定性。同时，核心企业在整个融资过程中扮演着担保人的重要角色，它们的信用背书为融资提供了有力的支持。

银行在审核贷款申请时，会充分依据核心企业的信用状况以及应收账款的质量。通过综合评估，银行最终确定贷款的数额和期限，以满足供应商的融资需求。值得注意的是，在这种融资模式下，核心企业不仅承担担保责任，还是还款的第一责任人。当融资到期时，核心企业会直接将货款转入合作银行，确

保资金的及时回笼。

应收账款融资的具体流程如图3-1所示。

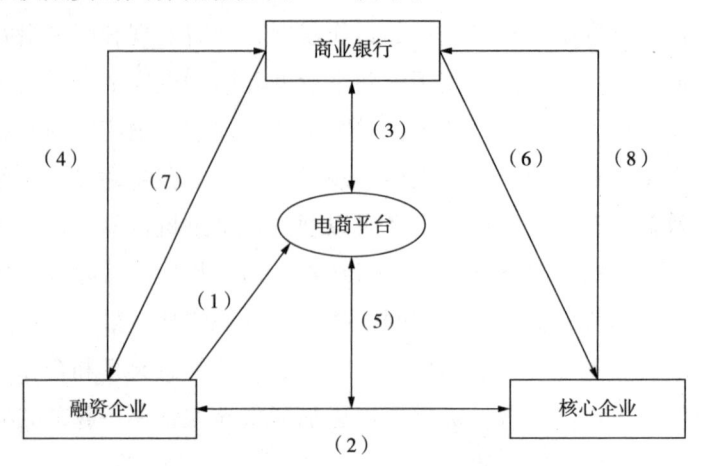

图3-1 电商平台应收账款融资的具体流程

（1）上游供应商作为融资企业，在电商平台进行注册。供应商需要提供详细的企业信息，包括但不限于法人信息、企业经营状况、银行账户以及税务信息，确立在电商平台上的合法身份。

（2）注册后的融资企业通过电商平台与核心企业（通常是大型购货企业或品牌商）生成订单交易。该订单会详细记录交易的关键信息，如商品类型、数量、价格和预定的交付时间等，这些都是之后融资审核的重要依据。

（3）商业银行与电商平台签订委托代理合同。

（4）融资企业基于与核心企业之间的订单交易向商业银行提交融资申请。在这个过程中，融资企业需提供必要的交易证明和财务信息，以便银行评估融资风险。

（5）电商平台负责对融资企业与核心企业之间的交易真实性进行审查。平台利用其数据和技术优势，确认订单的有效性，保证所涉及交易的真实性和合法性。

（6）商业银行对核心企业的应收账款单据进行审核。这是评估贷款风险和确定贷款额度的关键步骤。应收账款单据须清晰显示交易的完成以及核心企业应向供应商支付的款项。

（7）审核通过后，商业银行向融资企业（供应商）发放贷款。这笔资金允许供应商在等待核心企业支付款项期间维持运营,保持现金流的稳定。

(8)核心企业在商品交付并完成销售后,根据应收账款的条件进行还款。还款通常直接支付给商业银行,用于偿还之前发放给供应商的贷款,这标志着整个应收账款融资流程的完成。

由图3-1可以看出,电商平台在该模式中既是资金中介,也是信息中介。特别是在数据处理方面,电商平台展现了卓越的技术实力。其拥有的大容量服务器和先进的数据处理技术,使得平台能够轻松应对复杂多变的市场环境,实时处理海量的交易数据。这种高效的数据处理能力,不仅提升了信息处理的准确性和时效性,还使得融资过程变得更加便捷和高效。这是传统应收账款模式所无法比拟的。传统应收账款融资与电商平台应收账款融资的比较如表3-1所示。

表3-1 传统应收账款融资与电商平台应收账款融资的比较

比较项目	传统应收账款融资	电商平台应收账款融资
参与主体	商业银行、融资企业、物流公司、核心企业	电商平台、商业银行、核心企业、融资企业、物流公司
融资方式	线下	线上
授信方式	银行直接授信	银行间接授信

(二)预付账款融资

电商平台供应链金融中的预付账款融资模式,充分利用平台的大数据、云计算等前沿技术,结合其庞大的客户信息库,实现信息的高效整合。这种模式不仅使得融资过程更加透明,还大大简化了烦琐的融资流程,从而有效降低了各融资参与方的风险。通过精准的数据分析和客户画像,电商平台能够更准确地评估融资需求与风险,为供应链上的企业提供更为灵活和便捷的融资服务。这种预付账款融资模式不仅提升了融资效率,还促进了供应链金融的健康发展,为电商平台和供应链企业带来了双赢的局面。预付账款融资的具体流程如下。

(1)供应链企业首先需要在电商平台上完成注册,获得平台使用权限,为后续的融资活动做准备。

(2)商业银行与电商平台签订委托代理协议,明确电商平台作为银行的代理处理融资业务,并确保银行能够从电商平台获取必要的融资信息。

（3）银行与核心企业签订授信协议，为后续的融资活动提供信用支持，确保融资活动的顺利进行。

（4）电商平台与物流方签订仓储监管合同，确保融资过程中的货物能够得到妥善地存储和监管。

（5）融资方与核心企业签订真实的交易协议，明确双方的权利和义务，为融资活动提供交易背景。

（6）有融资需求的供应链企业向电商平台提出贷款申请，提供必要的申请材料。

（7）电商平台与核心企业签订剩余货物回购合同，确保在融资方无法按时还款时，电商平台能够回购剩余的货物，降低风险。

（8）电商平台将融资申请名单和融资企业的信用报告提交给银行，供银行审批。

（9）核心企业将融资所涉及的货物运送到指定的物流仓库，为后续的质押和融资活动做准备。

（10）核心企业将货物的仓单质押给银行，作为融资的担保物。

（11）银行根据质押的仓单出具承兑汇票给融资企业，融资企业则向银行缴纳一定比例的保证金，获得货物的提货权。

（12）银行通知物流企业，根据融资企业的提货申请，将相应的货物运输至融资企业指定的地点。

（13）物流企业按照银行的指示，将货物安全、准时地运送至融资企业，至此，整个预付账款融资流程结束。

传统预付账款融资与电商平台预付账款融资的比较如表3-2所示。

表3-2 传统预付账款融资与电商平台预付账款融资的比较

比较项目	传统预付账款融资	电商平台预付账款融资
参与主体	商业银行、融资企业、物流公司、核心企业	电商平台、商业银行、核心企业、融资企业、物流公司
融资方式	线下	线上
授信方式	银行对融资企业单独授信	电商平台汇总核心企业授信额度，为银行推荐授信名单

（三）存货质押融资

存货质押融资模式是电商平台供应链金融业务中广受欢迎的一种融资模式。在这种模式下，融资企业借助电商平台，将其持有的有效电子仓单作为质押物，向金融机构提出贷款申请。通过质押电子仓单，融资企业能够充分利用其存货资产，获得所需的资金支持，进而推动企业的运营与发展。这种融资方式不仅简化了传统融资流程，提高了融资效率，还降低了企业的融资成本。同时，金融机构也能够通过质押物降低贷款风险，实现风险与收益的平衡。因此，存货质押融资模式在电商平台供应链金融业务中发挥着越来越重要的作用。

电商平台存货质押融资的具体流程如图 3-2 所示。

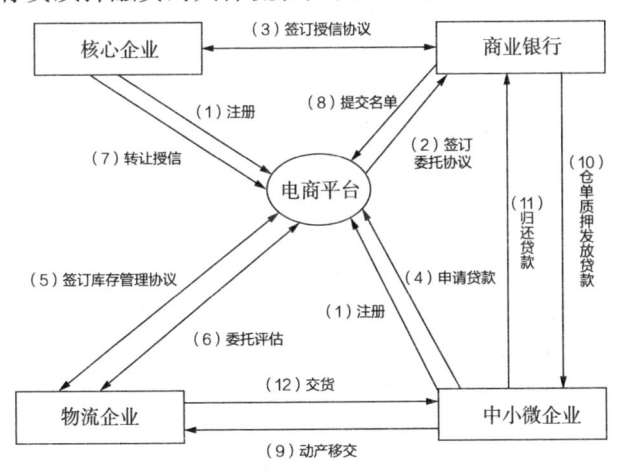

图 3-2　电商平台存货质押融资的具体流程

（1）核心企业和中小微企业需要在电商平台上进行注册，这是建立正式商业关系并能够利用平台提供的服务的前提。

（2）电商平台与商业银行签订委托协议，确立双方在质押融资活动中的合作关系和各自的责任。

（3）商业银行与核心企业签订授信协议，核心企业获得一定的信用额度，可用于后续的质押融资操作。

（4）中小微企业向电商平台申请贷款，以其存货作为质押物。

（5）物流企业与电商平台签订库存管理协议，负责存货的保管，确保质押物的完整性和安全。

（6）电商平台委托物流企业对中小微企业的存货进行评估，确定其市场价值，以便作为贷款的依据。

（7）核心企业将其从商业银行获得的授信部分转让给电商平台，使平台有能力在银行的支持下为中小微企业提供贷款。

（8）商业银行根据电商平台的委托和核心企业的授信情况，向电商平台提交获得贷款资格的中小微企业名单。

（9）中小微企业将其质押的存货移交给物流企业，物流企业负责存储并在贷款期间保管这些动产。

（10）商业银行根据仓单质押的情况向中小微企业发放贷款，资金用于企业的运营或扩展需求。

（11）中小微企业在业务运营中产生收入后，须按照约定的条件归还商业银行的贷款。

（12）一旦中小微企业归还了贷款，物流企业将存货返还给企业，或按照协议约定将货物送达指定地点。

传统存货质押融资与电商平台存货质押融资的比较如表3-3所示。

表3-3 传统存货质押融资与电商平台存货质押融资的比较

比较项目	传统存货质押融资	电商平台存货质押融资
参与主体	商业银行、融资企业、物流公司、核心企业	电商平台、商业银行、核心企业、融资企业、物流公司
融资方式	动产质押授信	电子仓单质押融资
融资企业性质	大型企业	供应链中的各类中小企业

（四）新型融资模式

随着电子商务的蓬勃发展及通信技术的日新月异，传统的供应链金融模式在大数据与云计算的赋能下正迎来一场深刻的变革。电商平台凭借自身强大的数据处理能力和海量的用户数据，不仅打破了金融机构在供应链金融领域的垄断地位，还在此基础上催生出一系列具有鲜明电商特色的新型融资模式。除前面提到的应收账款融资、预付账款融资和存货质押融资外，我国还发展出电子订单融资、综合授信以及票据贴现等新型融资模式。

1. 电子订单融资

电子订单融资作为一种新型融资模式近年来备受关注。它是指融资企业与电商企业签订贸易协议后，以该协议为凭据向资金提供方申请贷款的一种融资方式。

在电子订单融资中，资金提供方可以是商业银行，也可以是电商平台自身。当商业银行作为资金提供方时，电商企业扮演着类似于传统模式下的核心企业的角色，协助银行对融资企业进行信用评估和风险管理。此时，贷款流程与传统的融资模式较为相似，但由于有电商平台的数据支持，银行能够更准确地评估风险，从而提高贷款审批的效率和准确性。而当电商平台提供自有或自筹资金时，它则集核心企业与金融机构角色于一身。这种情况下，电商平台不仅能够利用自身的大数据优势对融资企业进行信用评估，还能够直接提供资金支持，大大缩短了融资周期，降低了融资成本。

电子订单融资的优势在于其灵活性和高效性。由于电子订单具有实时性和可追溯性，融资企业能够更快速地获得所需的资金支持，从而更好地应对市场变化和把握商机。同时，电子订单融资还能够降低融资企业的融资成本，提高其资金利用效率，有助于推动整个供应链的健康发展。

2. 综合授信

综合授信是电商平台供应链金融中一种重要的新型融资模式，它为供应链中的企业提供了一种定制化、灵活且高效的融资解决方案。综合授信的核心在于根据企业的实际情况和资金需求，为其量身打造一套融资方案，以满足企业在不同发展阶段和经营周期中的资金需求。综合授信具有以下特点。

（1）额度循环使用。一旦企业获得授信额度，便可以在额度范围内多次申请使用资金，无须每次都进行烦琐的审批流程。这种循环使用的机制大大提高了资金的使用效率，使企业能够更快速地适应市场变化，抓住商机。

（2）融资门槛相对较低。电商平台通过大数据分析、云计算等技术手段，能够对企业的经营状况、信用记录等进行全面评估，从而为企业提供更加精准的融资服务。这种基于数据的评估方式，使得一些传统金融机构难以覆盖的小微企业也能够获得融资支持，促进了供应链金融的普惠性。

（3）融资期限长，还款方式灵活。企业可以根据自身的经营计划和资金需求，与金融机构协商确定每笔资金的使用方式、金额和期限。这种灵活性使得企业能够更好地安排资金，降低资金成本，提高经营效益。

（4）操作流程简便高效。电商平台通过线上的服务平台，实现了融资申请的在线提交、审批和放款等操作，大大简化了传统融资流程中的环节。

3. 票据贴现

票据贴现主要分为两类：一类是电商平台开具的票据贴现，另一类是非电商平台开具的票据贴现。

（1）电商平台开具的票据贴现。电商平台作为供应链金融的重要参与者，经常与供应链中的企业进行深度合作，并开具大量的票据。这些票据往往代表着电商平台与供应链企业之间的应收账款或应付账款。当供应链企业需要将这部分应收账款迅速变现时，就可以选择将电商平台开具的票据进行贴现。电商平台开具的票据贴现具有较高的可信度，因为电商平台通常拥有较强的信用背景和资金实力，能够保障票据的及时兑付。同时，电商平台开具的票据贴现流程也相对简化，能够快速完成资金划转，满足企业的紧急融资需求。

（2）非电商平台开具的票据贴现。这类票据来自供应链中的其他参与者，如供应商、生产商、分销商等。当企业需要将手中的这些票据变现时，可以选择向金融机构申请票据贴现。非电商平台开具的票据贴现虽然相较于电商平台开具的票据贴现存在一定的信用风险，但金融机构通常会根据票据的背书情况、承兑人的信用状况等因素进行严格的评估，以确保贴现资金的安全。同时，非电商平台开具的票据贴现也为企业提供了更多的融资选择，使得供应链中的融资活动更加多元化。

票据贴现具有不限金额、到账快捷等特点。无论是电商平台开具的票据还是非电商平台开具的票据，只要符合金融机构的贴现要求，企业都可以根据自身的融资需求选择不同面额的票据进行贴现。这种灵活性使得票据贴现能够适应不同规模、不同融资需求的企业。同时，票据贴现的到账速度也相对较快，一般能够在较短时间内完成资金划转，满足企业的紧急资金需求。此外，票据贴现还具有风险可控的优势。金融机构在受理票据贴现申请时，会对票据的真实性、合法性和承兑人的信用状况进行严格审查。这种审查机制有助于降低票据贴现的风险，保障金融机构和企业的利益。同时，企业也可以通过选择信誉良好的电商平台或金融机构进行票据贴现，进一步降低融资风险。

第二节 电商平台主导的互联网供应链金融创新发展策略

一、政府层面

(一) 加快健全相关法律法规制度

(1) 制定针对性的法律法规。政府应针对电商平台供应链金融领域现存的问题和潜在风险，制定具体的法律法规或指导意见。考虑到供应链金融行业的复杂性和多样性，不同主体所采取的商业模式各异，因此监管部门应针对不同模式制定相应的法律规范。对于电商平台供应链金融，政府应针对数据保护、信息安全、融资风险控制等方面的问题，制定专门的法规加以规范。同时，对于现有的针对银行业供应链金融的规章制度，政府也应在充分调研的基础上，结合电商供应链金融的特点进行增添和修改，确保法律法规的适应性和前瞻性。

(2) 明确监管主体。监管主体的明确是保障供应链金融行业健康运行的关键。明确哪些机构负责监管，可以有效地实施法律法规，确保行业的正常运作和风险控制。

首先，需明确区分不同类型的金融活动所对应的监管机构。对于传统银行和金融机构参与的供应链金融业务，可以由现有的金融监管部门负责。而涉及新兴的电商平台及其合作的非银行金融机构，则需要考虑设立专门的监管团队或建立跨部门的监管机制，以应对这些新模式的特殊需求和挑战。

其次，监管机构应具备足够的权力和资源进行有效监管。这包括对于金融活动的全面审查、对不合规行为的处罚能力以及对市场动态的实时监控能力。此外，监管机构还需具备技术审查的能力，特别是对于涉及高科技的供应链金融模式，如使用大数据、人工智能等技术进行信用评估和风险管理。

最后，监管主体的设立和职能分配应当具有高度的透明性和公开性，使所有市场参与者都能清楚地了解监管规则和要求。这不仅有助于增强行业自律，也能够提高投资者和消费者的信心。

（3）从法规层面对电商平台的准入条件和业务范围进行明确规定。为保障供应链金融行业的安全性和稳定性，制定明确的准入条件和业务范围至关重要。

准入条件是电商平台参与供应链金融的基础门槛。设定严格的准入标准，可以有效筛选出合格的电商平台，从而保障供应链金融市场的稳定和健康。具体的准入条件包括以下内容：①资质和信誉要求。电商平台应具备合法的营业执照，且在过去的经营历程中无重大违法违规记录。此外，电商平台的财务状况应健全，能够承受金融业务可能带来的风险。②技术和安全标准。电商平台必须具备高标准的技术支持系统，能够保障交易数据的安全和隐私，如数据加密技术、防火墙设置、反欺诈系统等，这些都是确保金融服务顺利进行的必要条件。③管理能力。电商平台应具备一定的风险管理和内部控制能力，包括但不限于信用评估、资金监控和合规操作等方面。这要求电商平台不仅要有一支专业的管理团队，还要有完善的业务操作流程。

明确电商平台在供应链金融中可以从事的业务范围，是规避风险、防止平台超范围经营的重要措施。重点是对以下两方面进行明确：①业务类型限制。法规应明确电商平台可以提供的金融服务种类，如账款融资、库存融资等，同时禁止其从事与其业务模型不匹配的高风险金融业务，如复杂的金融衍生品交易。②合作主体限制。电商平台在选择合作银行或金融机构时，必须选择具备合法金融资质的机构，并通过透明的方式公示合作伙伴信息，保障业务的公开和透明。

（4）学习和借鉴发达国家关于规范电商供应链金融行业的法律制度。发达国家在供应链金融领域已经积累了丰富的法律实践经验，形成了较为完善的法律体系。对于我国政府而言，积极借鉴和学习这些先进经验，对于完善我国电商平台供应链金融的法律制度具有重要意义。

学习发达国家的法律制度，可以更快地了解供应链金融市场的国际规范和发展趋势，为我国电商供应链金融市场的开放和国际化做好准备。同时，借鉴发达国家的法律制度，可以帮助监管机构更全面地识别和防范市场风险，提高市场监管的效率和效果。此外，建设与国际接轨的法律制度，还可以增强我国电商平台在国际市场上的竞争力，推动我国供应链金融行业的全球化发展。

（5）加强法律法规之间的衔接，简化审批流程。不同法律法规之间应相互衔接、协调一致，避免出现法律冲突或空白。法律冲突或空白可能导致市场参与者在运营过程中面临不确定性，增加法律风险，进而影响电商平台供应链金融业务的正常开展。因此，政府应组织专门机构对现行法律法规进行梳理和评估，找出可能存在的冲突点或空白地带，并提出相应的解决方案。同时，政府还应简化审批流程、降低市场准入门槛，为电商平台供应链金融的发展创造宽松的市场环境。

（二）进一步完善信贷征信体系

信贷征信体系是电商平台供应链金融发展的基石，其完善与否直接关系到融资业务的风险控制和市场信心。政府应积极推动信贷征信体系的进一步完善，为电商平台开展供应链融资业务营造一个良好的信用环境。

（1）央行应研究制定符合我国国情的信用信息审核标准。这一标准应综合考虑电商平台的业务特点、风险控制需求以及市场发展趋势，确保标准的科学性和实用性。同时，政府还应加强对标准执行情况的监督和检查，确保各大电商企业能够严格按照标准执行，防止吸纳与企业信用无关的信息，降低后续处置成本。建立统一的信用信息审核标准，可以实现电商平台信用信息的规范化、标准化和共享化，提高整个供应链金融市场的透明度和公正性。这有助于增强电商平台的信誉度和市场竞争力，吸引更多的投资者和合作伙伴，推动供应链金融业务的快速发展。同时，这也为政府监管提供了有力的抓手，有助于防范市场风险，维护金融市场的稳定和安全。

（2）当征信行业的信用信息审核标准得以统一后，政府应当积极引导电商平台的信用系统与传统征信体系进行对接，通过搭建信息共享平台，实现传统金融机构与互联网企业间的信息互通，打破信息壁垒。这将有助于电商平台在双重信用的审核下开展融资业务，大大降低企业的违约风险。同时，这也有助于提升整个供应链金融市场的透明度和公正性，增强市场信心。

（3）政府在完善信贷征信体系的过程中，还应严格限定电商企业对客户信用信息的处置权。电商企业往往拥有大量的客户信用信息，这些信息的处理和使用需要受到严格的监管。如果电商企业滥用这些信用信息，不仅会侵犯客户的隐私权，还可能对供应链金融市场的稳定造成负面影响。因此，政府必须明确电商企业在处理客户信用信息时的权限和责任，防止信息被滥用或泄露。

通过严格限定电商企业对客户信用信息的处置权，政府可以确保信用信息在合规的范围内使用，为电商平台提供更加准确、全面的信用数据支持。这有助于电商平台根据企业的全面信用情况，更精确地确定授信额度，降低融资风险。同时，这也能够增强电商平台在供应链金融市场中的信誉度和竞争力，吸引更多的合作伙伴和投资者。此外，限定电商企业对客户信用信息的处置权还有助于将客户群从平台内部拓展到全网企业。当电商平台能够合规地处理和使用信用信息时，更多的中小企业将愿意与平台合作，分享自身的信用数据。这将使得电商平台能够服务更多的中小企业，推动整个供应链金融市场的繁荣发展。

（三）加强对电商供应链金融的政策扶持

为了促进电商平台供应链金融的健康、快速发展，政府应当加强对电商供应链金融的政策扶持。

（1）针对电商企业的业务主体给予优惠措施。目前，多数电商平台是通过设立小额贷款公司的形式开展供应链融资业务的。然而，这些小额贷款公司面临着资金来源较少、业务单一等挑战，无法与传统金融机构享受同等待遇。因此，政府应当给予电商企业政策扶持。

政府可以协助小额贷款公司扩大资金来源。例如，通过设立专项基金或引导社会资本进入，为小额贷款公司提供更多的资金支持。这将有助于解决其资金短缺问题，进而提升电商平台供应链融资业务的规模和效率。同时，政府可以适当放宽小额贷款公司的业务范围。在风险可控的前提下，允许其开展更多元化的金融业务，不仅可以增加其收入来源，还可以更好地满足电商平台的融资需求。此外，政府还可以对电商企业旗下小额贷款公司向银行申请的贷款给予优惠利率待遇，通过降低融资成本，鼓励更多银行与电商平台合作，为供应链金融提供更多的资金支持。

（2）政府牵头建立大数据信息服务平台，通过技术手段降低融资机构与中小企业之间的信息不对称程度，提高融资效率，推动供应链金融市场的健康发展。

政府可以组织相关部门，充分利用政府资源和技术优势，打造一个集数据采集、处理、分析和展示于一体的大数据平台。这个平台不仅可以收集各类电商企业和中小企业的融资信息，还可以对这些信息进行深度挖掘和分析，为融资机构和中小企业提供精准、全面的数据支持。

通过大数据信息服务平台，融资机构可以更加便捷地获取中小企业的信用状况、经营状况、市场前景等关键信息,从而更加准确地评估企业的融资需求和风险水平。同时,中小企业也可以通过平台展示自己的优势和发展潜力,吸引更多融资机构的关注和支持。这种精准对接的方式,不仅可以提高融资成功率,还可以降低融资成本和时间成本,实现资源的优化配置。更重要的是,大数据信息服务平台还可以帮助电商平台对平台以外的企业提供融资服务。传统上,电商平台主要依赖自身的数据和风控能力为平台内的企业提供融资服务。但是,随着供应链金融市场的不断扩大和深化,电商平台需要更加开放和包容,将服务范围扩展到平台以外的企业。通过大数据信息服务平台,电商平台可以获取更多外部企业的信息,评估其信用状况和融资需求,从而提供更加全面和灵活的融资方案。

(3) 对电商企业进行业务培训。政府可以积极搭建相关业务培训平台或线上学习平台,为电商企业提供系统的供应链金融业务知识。这些平台可以邀请业内专家、学者以及具有丰富实践经验的从业者,分享他们的经验和见解,帮助电商企业深入理解供应链金融的基本模式、运作机制以及潜在风险。

通过培训,电商企业可以更加熟悉供应链金融的各个环节,包括融资需求的识别、风险评估、产品设计以及市场推广等。这不仅有助于电商企业在基本模式下开展业务,还为其创新提供了坚实的理论基础和实践指导。例如,电商企业可以根据自身特点和市场需求,设计出更具针对性的融资产品,或者探索更加高效的融资模式,从而提升整个供应链金融市场的活力和竞争力。

然而,仅仅依靠业务培训是不够的。政府还需要对新兴的电商供应链金融行业进行严格的监管,确保其健康、有序发展。监管的目的在于防止电商企业利用政策红利作出危害融资企业利益的行为,维护市场的公平和公正。政府可以制定一系列监管政策和措施,如建立信息披露制度、加强风险评估和监测、建立违规处理机制等,有效规范电商企业的行为,防止其利用供应链金融进行非法集资、欺诈等违法行为。同时,政府还可以通过与行业协会、第三方机构等合作,共同推动电商供应链金融行业的自律和规范发展。

二、电商平台层面

(一)深化与供应链其他参与主体的资源整合

在供应链金融发展中,电商平台深化与银行及物流公司等参与主体的资源整合是提升整体效率、降低风险、增强竞争力的关键举措，具体可以从以下几个方面着手。

（1）树立供应链整体思维，形成共赢局面。电商平台应摒弃传统的以自我为中心的"核心化"思维，转而树立供应链整体思维。在供应链金融中，各方都是不可或缺的合作伙伴，共同的目标是推动整个供应链的高效运作和共同发展。因此，电商平台应与其他参与方建立平等、互信、共赢的关系，共同分享资源与利润，共担风险。

（2）开放数据信息，建立通用信息系统。为了实现供应链各方的有效协同，电商平台应积极推动数据信息的开放与共享。通过开放 API 接口或建立数据共享平台，电商平台可以与银行、物流公司等其他参与方共享订单、库存、物流等关键信息。这不仅可以降低信息不对称程度，提高决策效率，还可以增强各方之间的信任度，促进深度合作。

（3）整合"四流"，提升供应链效率。电商平台应致力于整合供应链上的信息流、资金流、物流和商流。通过优化信息系统，电商平台可以实现订单信息的实时更新与共享，确保各方对供应链状态有准确的了解。同时，电商平台还可以与银行合作，提供便捷的支付和融资服务，加速资金流转。在物流方面，电商平台可以与物流公司合作，实现货物的快速、准确配送。通过整合这"四流"，电商平台可以显著提升供应链的整体效率。

（4）加强与银行支付平台系统的整合。电商平台应加大与银行在支付平台系统方面的整合力度。通过与银行建立深度合作关系，电商平台可以实现支付、结算、融资等业务的无缝对接。这不仅可以提高贷款发放的速度和效率，还可以降低信贷资金回收的风险和成本。同时，通过与银行的合作，电商平台还可以获得更多的金融资源支持，为供应链上的企业提供更全面的金融服务。

（5）电商平台在深化外部资源整合的同时，更应关注自身内部的完善与升级。高效的内部运营体系是电商平台与外部合作伙伴实现有效对接和深化合作的基础。通过持续优化内部管理流程，电商平台能够确保各环节之间的顺畅运行和高效协同。这样不仅可以提高平台的运营效率和服务质量，还能够增强平台的竞争力和抗风险能力。同时，电商平台应打破部门壁垒，促进信息共享和资源整合，确保各部门之间形成合力，共同推动平台的发展。只有内部成为一个紧密、和谐的有机体，电商平台才能更好地与外部合作伙伴展开深度合作，共同推动供应链金融的健康发展，实现共赢。

（二）提升平台的技术研发能力

在推动供应链金融发展的过程中，电商平台技术研发能力的提升是不可或缺的。具体来说，电商平台应加强以下几方面的技术能力。

（1）强化信息处理技术能力。电商平台需要不断更新和扩充数据库，确保数据的新鲜度和完整性，为后续的数据分析提供坚实的基础。通过引入先进的算法和模型，电商平台能够提升数据提炼和分析的能力，从而更深入地挖掘数据的价值。

（2）加强客户信息安全保障能力。电商供应链融资涉及大量敏感信息，如客户信用记录、交易数据等。电商平台应采用先进的数据加密技术和安全协议，确保这些信息在存储、传输和处理过程中的安全性。同时，电商平台还应建立完善的信息安全管理制度，加强对员工的安全培训，防止内部泄露和非法访问。

（3）提升平台的抗风险技术能力。电商平台在运营过程中可能面临各种风险，如系统故障、网络攻击等。因此，电商平台需要注重技术研发在风险防控方面的应用，建立完善的风险监测和预警机制，及时发现并应对潜在风险。同时，电商平台还应加强对业务流程的优化和改进，降低操作失误率，提高整体运营效率。

人才引进与培养对于提升技术研发能力的重要性不言而喻，特别是在研发、大数据管理、征信以及风险控制等关键领域。电商平台可以从以下两方面加强技术型人才的培育。

其一，引进高端人才。高端人才通常具备丰富的行业经验、深厚的专业知识和卓越的创新能力，他们的加入能够迅速为团队带来新鲜血液和创新思维。在电商供应链金融领域，引进具备研发实力、数据分析能力和风险控制经验的高端人才，能够显著提升平台的技术水平和服务质量。这些人才能够快速适应新的工作环境，融入团队，并发挥自身的专业优势，推动平台在技术研发、数据分析、征信评估和风险控制等方面取得突破。

其二，加大后期培养力度。即使引进了高端人才，电商平台也需要通过持续的培养来保持其竞争力和创新能力。电商平台应建立完善的人才培养机制，包括定期的培训、学习交流、项目实践等方式，为人才提供不断学习和成长的机会。同时，电商平台应建立激励机制，鼓励人才进行技术创新和业务拓展，激发他们的积极性和创造力。通过后期培养，电商平台可以打造出一支具备高水平、高智商、高能力的专业团队，为企业未来发展能力的提升提供坚实的支持和保障。

（三）促进信贷资产证券化

随着我国电子商务市场的持续繁荣，交易规模逐年攀升，电商供应链金融的资金需求也呈现出爆炸式的增长。在这一背景下，电商企业需要积极探索优化资本结构、改善融资投资的新方法，以满足日益增长的资金需求。

信贷资产证券化作为一种创新的金融工具，为电商企业提供了新的融资途径。通过将信贷资产进行打包出售或整合处理，并上市流通，原本流动性较差的金融资产得以转化为可在资本市场流通的证券化产品。[1] 这一转化过程不仅加快了资产的流动性，还使得信贷风险得以有效转嫁和分散。对于上市电商企业而言，信贷资产证券化更是一个值得探索的重要方向。

通过信贷资产证券化，电商企业可以借助众多投资者的力量，扩大资金筹募量。这不仅可以缓解企业资金紧张的局面，还有助于企业优化资产结构，提高资产质量。同时，信贷风险的分散也有助于提升企业的财务安全性，降低潜在风险。此外，信贷资产证券化还有助于电商企业扩大融资来源，缓解企业面临的压力。在传统的融资方式中，企业往往受限于自身的信用评级和资产规模，难以获得足够的资金支持。而信贷资产证券化则可以通过将资产转化为证券化产品，吸引更多的投资者参与，从而为企业提供更广阔的融资空间。

当然，信贷资产证券化也面临一定的挑战和风险。例如，如何合理定价证券化产品、如何有效管理信贷风险等都是需要企业认真考虑的问题。因此，在推进信贷资产证券化过程中，电商企业需要充分了解市场需求和投资者偏好，制定科学的风险管理措施，确保证券化过程的顺利进行。

---

[1] 杨雪宜. 我国电商供应链金融的发展及绩效研究[D]. 呼和浩特：内蒙古财经大学，2018.

part4

第四章 商业银行主导的互联网供应链金融模式

第一节 商业银行主导的互联网供应链金融概述

商业银行是专门从事货币交易的特殊类型企业,其经营目标主要集中在安全性、流动性和盈利性上。虽然商业银行的业务范围广泛且产品种类繁多,但其核心业务依旧是传统的存款和贷款业务。在我国的银行业,信贷资产占到了总资产的60%以上,这一比例表明信贷业务依然是商业银行的主要收入来源。随着企业的组织行为模式、资源整合能力及科技的快速进步,市场竞争已从单一企业扩展到整个供应链。商业银行为了适应这种新的企业行为模式,应不断进行创新,根据市场和客户需求的持续变化,将融资产品整合到供应链中,从而成为供应链金融中的主要参与者之一。

一、互联网背景下商业银行供应链金融创新发展的必要性

(一)互联网金融的发展对商业银行传统供应链金融造成冲击

第一,随着技术的发展,特别是数据分析和移动互联网的普及,非银行金融机构,如阿里金融等开始利用"小贷+平台"模式,直接根据商家在网上的数据信息提供订单融资、信用贷款等服务。这种模式使这些机构能快速响应市场需求,提供定制化的金融产品,从而减少了与传统银行交易中的时间延迟和成本。例如,某电器商在成立小贷公司后进行自主融资,减少了与银行的业务往来并降低了交易成本,从而获取更大的利差。这种策略不仅增加了企业的资金流动性,也直接减少了商业银行的市场份额。随着类似业务模式的扩展,商业银行面临的挑战越来越大,商业银行的传统供应链金融服务正在被边缘化,因为它们在速度和成本方面难以与互联网金融服务竞争。这种变化迫使商业银行必须重新考虑其服务模式。

第二,互联网金融对商业银行传统供应链金融的冲击还表现在客户资源和渠道抢夺方面。随着互联网的普及和移动互联网用户的激增,越来越多的用户开始使用移动平台进行金融交易,这使得互联网企业能够利用其平台优势轻松获取和分析客户数据。例如,移动支付提供了一种极其便捷的支付和融资方

式，逐步削弱了传统银行网点的优势。这种趋势导致商业银行的客户基础受到侵蚀，特别是年轻一代客户更倾向于使用便捷的在线服务。失去客户意味着直接的收入下降，也减弱了银行通过交叉销售其他金融产品的能力。此外，随着更多企业和个人选择互联网平台进行金融活动，银行的传统渠道优势进一步减弱，影响了其业务的整体表现和市场竞争力。因此，商业银行必须适应这一变化，通过提高自身的技术实力和服务模式创新来维护现有客户关系并开发新的市场渠道。

第三，随着互联网商业用户的逐年增加，互联网金融模式正利用其平台优势收集并分析大量的网络交易信息，这使得互联网企业能够显著降低贷款风险。同时，作为资金供应方的互联网企业从中获得了丰厚的存款和贷款利息。此外，互联网金融企业还扮演了商业交易平台的角色，帮助贷款方找到适合的资金来源，同时允许资金提供方根据提供的详尽分析数据选择合适的借款方并达成协议。这种借贷过程完全体现了市场化的特征，正逐渐推动利率市场化的进程。

第四，随着互联网金融的快速发展，其在供应链金融中的角色越来越显著，特别是在资源供给过程中绕开了传统的商业银行中介体系。这种直接将资源输送给需求方和融资方的模式，大大减少了中介成本，为企业和个人提供了更为高效和低成本的融资途径。例如，通过互联网平台，企业可以直接连接资金供应方，不再需要银行作为传统的中介。这种变化给商业银行带来了挑战。首先，商业银行的中介角色被弱化，这意味着银行的传统业务模式和盈利模式受到冲击。银行可能会失去在供应链金融中的优势地位，同时需要独自承担更多的后台运营和管理工作，这无疑会增加运营成本。其次，随着互联网金融企业的兴起，传统银行的市场份额和影响力正在逐渐减弱，被边缘化的风险加大。因此，商业银行需要重新考虑和调整其在供应链金融中的角色和业务策略。

（二）互联网时代商业银行供应链金融市场竞争加剧

1.商业银行间竞争激烈

在互联网背景下，商业银行的供应链金融业务面临前所未有的竞争压力。目前，参与供应链金融市场的银行种类多样，从大型国有银行到股份制中型银行，再到小型的城市商业银行以及外资银行等，都在积极扩展其在供应链金融领域的业务。尤其是股份制中型银行，它们由于操作相对灵活和具备较强的市场适应能力，已经占据了供应链金融的主要市场份额。这种多元化的竞争格局导致商业银行之间的竞争日益激烈。每家银行都在努力提供更具吸引力的金融产品和服务，以保持或增加市场份额。外资银行凭借其丰富的国际经验和资金优势，也在积极进入中国的供应链金融市场，给内资银行带来了更大的挑战。

不同性质的商业银行的竞争优势与劣势如表4-1所示。

表4-1 不同性质的商业银行的竞争优势与劣势

商业银行	竞争优势	竞争劣势
股份制中型银行	①由于较早进入市场，已经建立了坚实的客户基础并保持较高的市场占有率；②业务经营灵活性较高，对市场变化反应快；③能够迅速推出创新型金融产品，有效满足市场和客户的动态需求	规模相对较小，分支机构的布局和数量有限
大型国有银行	①拥有广泛的大型企业客户网络；②拥有庞大的网点系统，能够覆盖广泛的地理区域，为客户提供便捷的服务；③业务体系完善，且拥有大量专业人才，能够提供多样化和高水平的金融服务	授信流程较为严格，且对于中小微企业的融资需求关注度不够
城市商业银行	①与本地客户保持良好的关系，在本地市场具有竞争优势；②由于规模较小，能够更加灵活地调整业务策略和操作，以适应市场的变化	①经营规模较小，营业网点有限；②服务范围主要局限于本地
外资银行	具有丰富的国外管理及业务操作经验	企业关系的建立、客户资源的累积以及分支机构网络的建设方面存在一定的劣势

股份制中型银行的竞争优势主要体现在以下几个方面：首先，这类银行由于较早进入市场，已经建立了坚实的客户基础并占据较高的市场份额。这使得它们在吸引新客户和扩展业务时具有先发优势。其次，股份制中型银行在业务经营上表现出较高的灵活性和市场反应速度，使它们能迅速适应市场变化和客户需求，从而有效地抓住市场机遇。最后，产品创新是这类银行的另一个显著优势。它们通常能够较快地推出新产品和服务，满足市场的特定需求，这在激烈的市场竞争中尤为重要。但相较于大型银行，股份制中型银行的资源和覆盖范围较小，这限制了它们服务大型企业和进行地域扩展的能力。此外，股份制

中型银行网点较少，在一些地区，这些银行无法提供面对面的服务，这影响了它们服务某些地域客户的能力。

大型国有银行的竞争优势主要体现在以下几个方面：首先，这些银行拥有众多的大客户资源，这些客户通常是行业的领头羊，对银行服务的需求大且稳定，为银行带来了稳定的收入来源。其次，大型国有银行拥有广泛的网点分布，这不仅有助于提供面对面的服务，也增强了其服务的覆盖范围和便利性。最后，这些银行的业务系统比较完善，拥有众多专业人员，能够提供多样化和高质量的金融产品及服务，满足不同客户的需求。不过，大型国有银行通常更偏好服务大型企业和政府项目，因为这些项目的风险相对较低且更符合它们的授信模型。这种偏好导致大型国有银行在服务中小微企业时不够积极，从而错失了服务这一快速增长的市场机会。此外，严格的授信要求使得许多创新型或初创企业难以从这些银行获得资金支持。

城市商业银行的竞争优势主要体现在以下几个方面：首先，这些银行与本地客户的关系紧密而突出。这种亲密的客户关系使得城市商业银行能够更深入地理解客户需求和地方市场的特性，从而提供更加个性化的服务。其次，这些银行业务操作灵活。城市商业银行能够快速适应地方市场的变化，为本地企业提供定制化的解决方案，尤其是对中小企业更为有利。城市商业银行的竞争劣势主要体现在其较小的规模和有限的业务范围上。城市商业银行通常以本地市场为主要服务对象，这虽然使得它们在本地市场具有一定的优势，但也限制了它们的业务扩展能力。规模小和网点少导致这些银行难以覆盖更大的地理区域，从而影响其成为更大区域或国家级市场参与者的能力。此外，聚焦于本地市场使这些银行在全国性或国际性业务发展上遇到困难。

外资银行在供应链金融市场中凭借其国际管理经验和业务操作经验脱颖而出。这些银行引入的国际化管理理念和先进的业务处理流程提升了服务效率和客户满意度。外资银行操作经验丰富，尤其在处理复杂的跨国交易中表现突出，能够为客户提供国际标准的金融服务。此外，外资银行通常具有较强的产品创新能力和风险管理能力，这在帮助企业优化全球供应链金融结构中尤为重要。但外资银行的网点在我国相对较少，这限制了它们的业务拓展和客户开发。此外，这些银行在本地化策略和文化适应方面也可能面临挑战，这影响了它们在本地市场上的竞争力和客户忠诚度的建立。

2. 非银企业进入供应链金融行业加剧了竞争

在互联网时代，非银行企业，如大型科技集团和金融科技公司越来越多地涉足供应链金融领域，这直接增强了商业银行在该领域的市场竞争压力。这些非银行机构借助先进的技术平台和数据分析能力，能够提供更加灵活和定制化的金融解决方案，满足供应链中小企业的独特需求。此外，非银行企业通常具有更高的效率和较低的操作成本，使得它们能够提供更具竞争力的融资支持。这种情况迫使传统商业银行不得不加速技术革新和服务优化，以维持其市场份额和客户基础。

二、商业银行主导的互联网供应链金融业务模式

（一）"互联网+应收账款"融资模式

"互联网+应收账款"融资模式主要是资金需求方将其应收账款作为抵押，通过互联网平台向银行申请融资。此模式有效地将传统的线下操作与线上服务相结合，提高了融资的便捷性和精确性。在这种模式中，银行主要评估债务方企业的综合情况，包括其偿还能力，因为这直接关系到资金需求企业能否按时偿还银行贷款。通过对债务方的综合评估，银行能更有效地控制贷款的风险，确保贷款的安全与回收。其具体流程如图4-1所示。

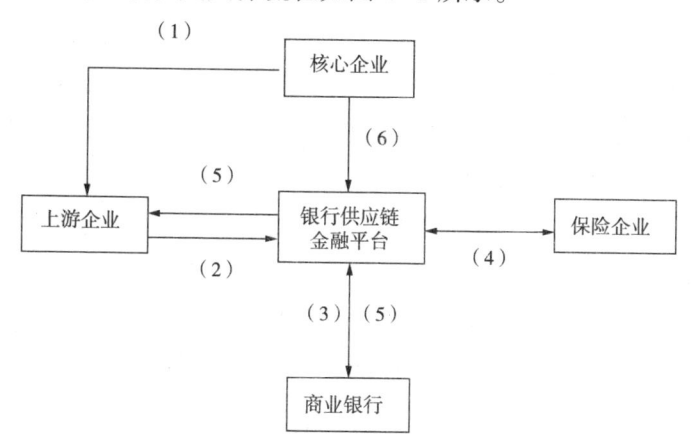

图4-1 "互联网+应收账款"融资的具体流程

（1）赊销凭证生成。核心企业在向上游企业进货后，由于某些原因未能及时付款，形成了赊销凭证，这个凭证明确了核心企业对上游企业的应付款项。

（2）抵押申请。上游企业需要资金维持运营，于是选择将这些应收账款作为抵押，通过专门的平台提交给银行，寻求融资。

（3）银行审核。银行收到上游企业的融资申请后，在互联网供应链金融平台上在线审核融资方的财务状况、信用记录及抵押账款的详细信息。如果这些信息符合银行的融资条件，银行会在平台上批准该融资申请。

（4）保险处理。银行会在自己的互联网供应链金融平台选择一个合适的保险公司，向其提交保险申请及必要的支持材料。保险公司在审查这些资料后，并根据自身的风控政策决定是否同意承保。

（5）贷款发放。一旦得到保险公司的承保确认，银行便利用供应链金融平台向资金需求方发放贷款。这一步骤确保了贷款在有保险的保障下进行，降低了银行的风险。

（6）贷款偿还。核心企业在其财务状况有所改善后，将通过同一平台向银行偿还借款，并清偿应收账款。如果这一过程顺利完成，不仅奠定了双方良好的合作关系，还会在平台上留下成功的交易记录，便于将来的融资活动。

"互联网+应收账款"融资模式相对于传统应收账款融资模式具有以下几个优点。

第一，在传统模式中，银行为了监控借款人的还款情况，往往需要进行实地调查和监管，这不仅消耗大量的人力和物力，还可能延长处理时间。"互联网+应收账款"融资通过在线平台实现实时监控，银行可以直接通过系统查看核心企业的还款状况和财务流动性，从而大幅减少了外出调查和监管的需要，符合现代金融服务的成本节约原则。

第二，互联网供应链金融平台的使用使得银行能够将应收账款以电子形式管理和操作。在满足一定的规定和条件后，银行可以将这些电子账款进行打包重组，创造出类似于理财产品的新型投资工具，在线上销售给广大消费者和投资者。这种模式不仅为银行创造了新的收入来源，也为消费者提供了更多样化的投资渠道。

第三，在传统模式中，应收账款融资的风险主要由银行独自承担。而在"互联网+"模式下，保险企业的参与为这些融资活动提供了额外的保障。保险公司对这些融资产品提供保险服务，减少了因债务方违约导致损失的可能性，从而降低了整个融资过程的风险。

第四，在"互联网+"模式下，所有的交易数据都被电子化并保存在数据库中，这为未来的交易决策提供了宝贵的数据支持。银行和其他金融机构可以利用这些数据进行深入分析，更好地理解市场趋势和客户行为，从而作出更加精确和有效的决策，提升服务质量和客户满意度。

（二）"互联网+预付账款"融资模式

"互联网+预付账款"融资模式在传统预付账款融资模式的基础上引入了互联网供应链金融平台，同时引入了物流企业和保险企业。这样不仅增强了整个供应链的金融服务能力，还提高了交易的安全性和效率，使得资金流通更加灵活，有效地支持了商品的流转和市场销售。其具体流程如图 4-2 所示。

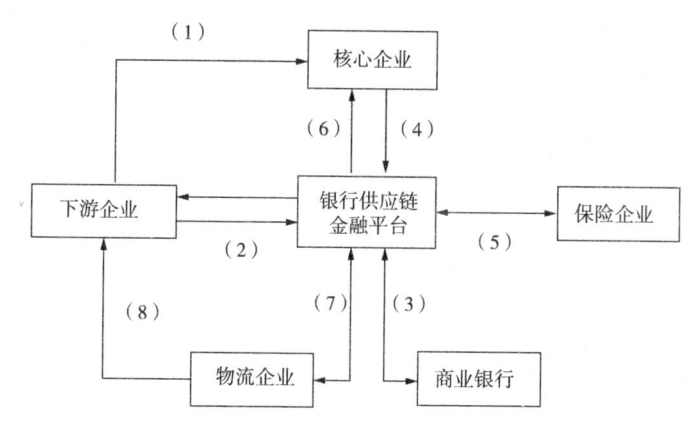

图 4-2 "互联网+预付账款"融资的具体流程

（1）形成预付账款。供货方要求需求方在生产或发货前支付一部分款项作为预付款，因此需求方面临资金需求。为了满足这一需求，需求方使用未来提取货物的权利作为抵押。

（2）资料审核。需求方需要在供应链金融平台上提交相关的资料，这些资料包括企业信用、历史交易记录等，用以证明其资信状况和抵押物的有效性。

（3）银行审核与担保金。银行对需求方在互联网供应链金融平台上提交的资料进行审核。一旦审核通过，需求方须支付一部分资金作为担保，确保交易的安全性。

（4）供货方签订协议。供货方需要签订一个协议，承诺在需求方违约时回购提货权，以此加强交易的安全保障。

（5）保险处理。需求方可以通过互联网供应链金融平台联系相关的保险企业，提交其资金提供情况。保险公司根据需求方的风险状况和交易条件，决定是否提供保险及确定保险额度。

（6）支付预付款。一旦上述步骤完成，互联网供应链金融平台将代表需求方向供货方支付预付款，确保交易的进行。

（7）货物发运与监管。供货方在收到预付款后发货，货物由第三方物流企业负责监管，并通过平台实时更新货物状态，确保信息透明。

（8）货物交付。银行监控需求方已缴纳的保证金情况，并指示物流企业向需求方发货，完成货物交付。

银行通过互联网供应链金融平台实时观测整个交易过程的各个环节，以便随时调整策略保证交易的顺利进行。完成后，所有相关信息保存在平台数据库中，便于未来交易和审计使用。

"互联网+预付账款"融资模式相较于传统的预付账款融资模式具有以下优点：第一，引入保险行业，降低了银行的风险。在出现违约的情况下，保险公司可以承担一部分损失，此外，货物需求方向平台支付的保证金也有助于分担损失。若卖方企业出现问题，还能对银行享有的提货权提供赔偿。第二，通过建立专用的平台，第三方物流可以实时在线上更新仓储的具体信息，如货物的存量和变动情况。这使得商业银行能够随时掌握货物信息，增加了交易的透明度。此外，在发生违约时，这些信息可以作为责任归属和法律诉讼的重要电子凭据，增强了责任追踪和权益保护的效率。第三，在"互联网+"模式下，从资料提交、审核、保证金缴纳到保险公司的对接及发货指令等环节都通过在线平台完成。这种数字化操作大大节省了传统方式中所需的人力和物力，提高了处理速度，减少了操作中的人为错误，也降低了整体交易成本。第四，互联网平台能够记录和保存历史上发生的所有业务信息，为未来的决策提供数据支持。

（三）"互联网+存货质押"融资模式

"互联网+存货质押"融资的具体流程如图4-3所示。

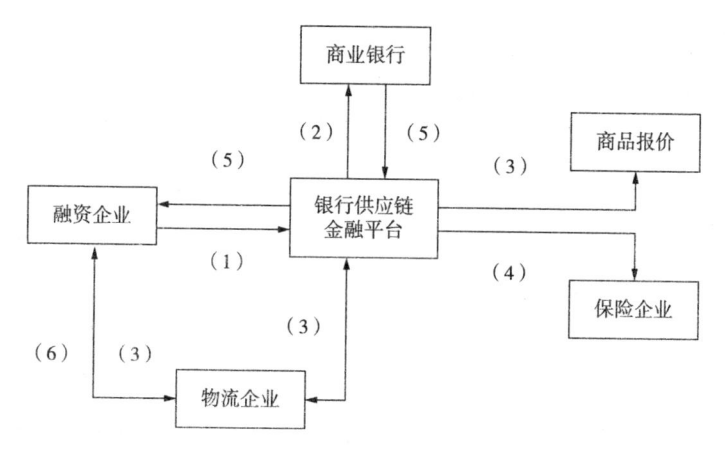

第四章　商业银行主导的互联网供应链金融模式

图 4-3　"互联网+存货质押"融资的具体流程

（1）平台注册与信息提交。首先，所有参与方需要在银行互联网供应链金融平台上注册成为客户。对于已经注册的客户，这一步可以跳过。资金需求方（质押方）通过平台提交其拥有的货物的详细信息，包括货物的种类、价值和数量等，供商业银行审核。

（2）银行审核。商业银行通过互联网供应链金融平台获取质押货物的信息，并结合自身的风控系统评估是否同意提供融资。银行会考虑货物的流动性、市场价值及风险程度。

（3）货物的第三方监管。一旦银行同意提供融资，资金需求方需将质押的货物移交给指定的第三方物流企业进行监管。物流企业对货物进行验收并入库，同时在平台上更新货物的状态和相关信息。物流企业或其他授权估价方将对货物进行价值评估并将信息上传至平台。

（4）保险处理。货物质押后，银行通过互联网供应链金融平台连接到合适的保险企业，签订保险协议并为货物进行投保，以降低由于意外损失造成的风险。

（5）融资发放。商业银行根据所有完成的安排发放融资资金给质押方。质押方在业务开始运转并需要使用部分货物时，可以向银行提出提取请求，并缴纳一定比例的资金作为进一步的担保。

（6）存货的部分解押与还款。质押方在偿还部分贷款或缴纳一定的保证金后，可以从物流企业中提取先前质押的存货。在存货销售后，质押方回收资金并偿还部分贷款给银行。如果流程顺利,质押方可以继续进行存货质押融资。

整个质押融资过程和数据都会被保存在平台的数据库中,这些数据将用于未来的风险评估和匹配,为银行和质押方提供历史参考,优化未来的融资决策。

"互联网+存货质押"融资相较于传统的存货质押融资模式,有多项改进,显著增强了流程的效率、安全性和透明度。

第一,在传统的存货质押融资中,银行承担较高风险,因为存货价值不稳定且可能因市场变化而迅速贬值。"互联网+"模式引入保险企业为存货投保,加之存货本身的价值,大大减少了银行的风险。存货一旦遭受物理损害或市场价值波动,保险可以部分或全部弥补损失,从而保护银行和质押方的利益。

第二,在"互联网+"模式下,存货的价值评估和报价变得关键且更为透明。"互联网+存货质押"融资由拥有公信力的报价企业进行存货价值评估,并将评估结果实时更新至在线平台,使银行和资金需求方可以随时查看质押存货的当前价值。这不仅提升了银行对交易的信任,也使资金需求方对贷款的额度和条件有更清晰的了解。同时,这种实时更新的机制还可以帮助双方根据市场情况调整存货数量或融资需求,增加了交易的灵活性。

第三,互联网供应链金融平台的使用汇聚了各个参与方,包括银行、质押方、保险公司、评估机构和物流企业。这种集中化的信息系统极大地促进了信息共享,使所有相关信息,如存货状态、位置、价值和保险细节等都可通过单一平台访问。信息的即时可用性和透明度不仅提高了交易效率,也减少了传统模式中由于信息不对称造成的时间延误和资源浪费。

第二节 商业银行主导的互联网供应链金融创新发展策略

一、商业银行互联网供应链金融产品创新

若商业银行期望更高效、更迅速地推广互联网供应链金融业务,就必须在推广活动中精心打造自身的品牌影响力。这要求银行研发出具有独特性和标志性的供应链金融产品,作为品牌推广的坚实基础。同时,银行应充分利用其在

市场中已形成的相对优势，不断完善和优化现有产品。此外，银行还需要紧密关注市场动态，持续地进行产品研发和创新，以构建全面且多样的产品线，从而进一步丰富和拓展互联网供应链金融服务的功能，扩大其服务的范围。

（一）开发差异化产品

在互联网时代，随着市场竞争的加剧，银行必须开发差异化的供应链金融产品，以适应不断变化的市场需求和提升自身的竞争力。

商业银行可以以核心企业为中心，根据其需求定制供应链金融产品，通过核心企业建立的业务网络和供销平台进行供应链金融产品的双向扩散辐射，实现网络式业务发展，对供应链上游的供应商重点开发应收账款、保理等新型金融产品和服务；而对于下游的经销商则重点推出动产、预付账款等金融产品和服务。如此设计可以使商业银行的供应链金融产品和服务全面覆盖供应链各成员企业。

当然，由于核心企业可能不止一个，商业银行可采用纵横交错的策略，将供应链金融业务编织成一个互联的业务网络。此外，在拓展供应链金融业务时，商业银行应优先考虑中小企业的融资需求。针对供应链各环节的企业，商业银行应设计多样化的融资产品和服务体系，以满足不同类型和需求的中小企业。这种方法不仅促进了供应链金融服务的深化和优化，也为中小企业提供了更具针对性和实效性的金融支持，帮助它们在激烈的市场竞争中站稳脚跟，从而推动整个供应链的稳定发展和效率提升。这样的策略有助于银行在复杂的市场环境中寻找新的增长点，通过满足多样化的客户需求，增强自身的市场竞争力。具体来说，商业银行可以考虑将其传统业务与供应链金融业务更紧密地结合起来。例如，可以将汇率、利率、股票和债券等基本金融工具整合到供应链金融服务中，以此来扩展和丰富商业银行的供应链金融产品线。这种整合应以具体企业的需求为起点，运用金融工程技术进行资产的分割和组合，深入探索金融衍生品在供应链金融中的应用可能性。通过精确的金融工具组合，商业银行可以为供应链中的企业量身定制更优化的融资方案。这样的策略不仅增强了银行产品的多样性和吸引力，还能够更好地满足供应链各环节企业的具体融资需求，提升供应链整体的财务效率和稳定性。

（二）细化产品功能

在互联网时代，商业银行供应链金融产品的创新不仅需要关注产品种类的扩展，还应深入细化产品功能，以适应多变的市场需求和复杂的供应链结构。具体来说，商业银行要实现供应链金融产品的精细化和专业化。

供应链金融产品的精细化意味着商业银行将通用产品转化为能够满足特定客户需求的专门产品。这种精细化不仅要求产品能够服务于更细分的市场，还要求银行能够深挖现有产品的潜力，以发掘能够为客户带来独特价值的新特性。例如，银行可以通过增强与企业日常运营紧密相关的金融产品的功能，如将传统的短期贷款产品延伸为更符合特定行业，如制造业或批发业的定制化融资方案。这包括为某个行业的供应链特定环节提供定制的融资方案，如为上游原材料供应商提供的预付款金融支持，或为下游经销商提供的销售账款融资。这种精细化的策略不仅提升了产品的市场适应性，还增强了银行产品的竞争力，使其在激烈的市场竞争中脱颖而出。

在专业化方面，供应链金融产品的发展应当基于市场需求的全面分析，确保所开发的金融产品能够覆盖供应链的每一个环节。这需要银行不断地创新和完善其产品线，以适应不断变化的市场环境和客户需求。例如，商业银行可以开发专门针对网络平台交易的银行贷款产品，为在线商务提供便捷的融资支持，也可以考虑提供保兑仓、保单融资等服务，帮助进出口商解决国际贸易中的资金需求。此外，订单融资、国内信用证融资等产品可以为企业提供基于订单和信用证的资金支持，帮助企业在没有完成生产或交货前就能获得资金流。动产质押等产品则可以使企业利用其存货、机器设备或其他动产作担保获得必要的资金支持。这些产品的专业化开发，能够确保商业银行的供应链金融服务不仅仅局限于传统的贷款和信贷服务，而是形成一个全面覆盖、功能多样的供应链金融体系，真正实现融资与融智的结合，为企业的成长和发展提供有力的金融支持。

（三）提供个性化产品

在当今竞争激烈的市场环境中，商业银行的成功越来越依赖于为客户提供个性化的产品和服务。供应链金融作为银行产品创新的重要领域，其个性化服务的提供成为衡量自身与竞争对手管理水平的关键因素。互联网技术的发展为银行开展个性化服务提供了前所未有的可能性，使其能够通过精准的数据分析，深入了解不同客户的具体需求，从而设计出真正符合他们业务特性和需求的金融产品。

个性化产品的开发需要银行深入理解供应链中不同企业的运营模式和资金流动特点。例如，制造业企业可能需要预付款融资来购买原材料，而零售商可能更关注销售端的应收账款融资。互联网技术使银行能够收集并分析大量的行业数据，包括企业的交易历史、财务状况以及市场行为模式，这些数据的分析结果可以帮助银行设计出更加精确的融资产品，满足企业的具体需求。此外，由于不同行业和企业的风险承受能力不同，银行可以根据企业的风险评级及市场环境变化，调整融资条件和利率，甚至提供定制的风险对冲工具，如汇率波动保护或者价格保险等，以保证企业在面对不确定性时的财务稳定。为了实现这一点，银行需要建立更加灵活的IT系统，使其能够快速响应市场和客户需求的变化，同时确保金融产品的安全性和可靠性。现代化的IT系统能够支持银行实时更新产品特性，快速部署新的服务，并在必要时对现有产品进行调整，以适应市场的最新发展。最后，在提供个性化产品的过程中，银行还应重视与客户的互动。银行通过建立在线平台，使客户能够直接参与产品设计和反馈过程，从而不仅可以更精确地把握客户需求，还可以通过客户的实时反馈快速优化产品，提高客户的满意度和忠诚度。

二、商业银行互联网供应链金融营销策略

（一）用特色营销取代传统营销

在当前的商业环境中，随着市场需求的日益复杂化和个性化，商业银行的营销策略也需要随之转变，特别是在互联网供应链金融领域。传统的营销策略通常依赖于广泛的市场推广和一致性的产品推介，但这种方法在今天的高度分化和竞争激烈的市场中往往难以满足企业的具体需求。因此，用特色营销取代传统营销成为商业银行拓展其供应链金融业务的重要途径。

为了实现特色营销，商业银行首先需要对其目标客户群体进行精准定位。通过对市场细分和客户需求分析，银行可以确定供应链金融服务的目标客户，如中小企业、核心企业及其上下游供应链伙伴等。针对不同客户群体的特点和需求，银行可以提供个性化的供应链金融营销方案。其次，在特色营销中，银行还需要重视品牌的异质性建设。通过突出供应链金融产品的独特优势和专业性，以及如何解决特定企业的独有问题，银行可以形成具有针对性的差异化产品，从而在竞争中脱颖而出。最后，特色营销还需要银行加强与客户的互动和

沟通。这可以通过客户服务平台、定期的业务回访、客户研讨会或专门的客户服务团队来实现。通过这些渠道，银行不仅可以及时收集客户的反馈和建议，还可以在必要时调整或改进服务内容。此外，定期举办行业论坛或参与行业展会也是增强客户关系、展示银行特色服务的有效方式。这种持续的客户互动有助于银行深化客户关系，增强客户的忠诚度，也能通过客户口碑增加新的业务机会。

（二）运用金融科技提升营销效率

1.推进金融科技创新以强化数据驱动能力

在数字化时代，商业银行为提升供应链金融的营销效率，必须积极推进互联网技术与金融服务的深度融合。这一融合的核心在于构建一个开放、共享且高度集成的云数据系统平台。该平台不仅要实现基础的数据采集、分布式存储与计算功能，还要提供高效的数据服务，从而形成一个强大的数据分析和挖掘能力。通过这样的技术基础建设，银行能够实时获取、处理和分析海量的客户数据，为后续的精准营销提供坚实的技术支撑。

2.全面采集客户的金融服务记录和行为轨迹

为了更准确地把握供应链上企业的金融需求，商业银行需要全面收集并分析客户的金融服务记录和行为轨迹。这包括但不限于企业融资活动的记录、融资周期和规律的分析以及企业对银行金融产品的咨询和反馈等。这些数据不仅能帮助银行了解企业的财务状况和融资需求，还能揭示企业的偏好和习惯，从而为银行提供更加精准的营销方向。

3.构建精准的服务与产品推荐模型

为了更有效地满足供应链上企业的金融需求，商业银行需要构建一个精准的服务与产品推荐模型。这个模型的建成不是一蹴而就的，而是在供应链金融业务推广过程中不断探索和完善的结果。通过实践中的不断试错和调整，模型能够更准确地识别目标客户及其需求层次，从而为客户提供更加精准的金融产品和服务推荐。商业银行需要充分利用大数据技术，对客户的交易数据、行为数据等进行深入挖掘和分析。通过对这些数据的处理，银行可以更加准确地了解客户的金融需求和偏好，进而完善推荐模型。这不仅有助于提高客户满意度，还能帮助银行提升营销效率，实现双赢。此外，银行还需要根据市场的变化和客户需求的发展，不断调整和优化推荐模型。只有这样，才能确保模型始终保持其精准性和有效性,为客户提供更加优质的服务和产品推荐。

4.建立统一开放平台以实现高效产品推荐服务

为了进一步提升供应链金融的营销效果,商业银行需要打造一个统一开放的产品推荐服务平台。这个平台应具备自动化的服务功能,能够快速地响应客户的需求,并提供菜单式的产品推荐。同时,平台还应具有强大的数据访问和后台处理能力,以确保服务的高效性和稳定性。通过这个平台,银行可以与客户进行实时的人机对话,快速获取客户的需求信息,并为客户提供个性化的产品推荐。客户也可以通过这个平台自主选择自己需要的产品,实现自主决策和便捷操作。

5.升级交易渠道和信息平台以融入精准营销功能

为了充分利用大数据技术优化营销效果,商业银行需要对现有的交易渠道和信息平台进行改造。这种改造的核心目的是将精准营销的功能融入信息平台,使其具备客户信息分析处理能力,并能通过客户输入的信息识别客户需求,进而完成个性化的推介服务。首先,信息平台需要具备强大的数据分析能力。当客户通过网络终端进入信息平台时,平台应能够智能地引导客户,根据其历史交易数据、行为模式等信息,推荐合适的金融产品或服务。例如,对于经常进行大额交易的企业客户,平台可以推荐更高效的资金管理工具或优惠的贷款产品。其次,对交易渠道进行改造。商业银行需要确保交易渠道的安全性和便捷性,同时融入更多的智能化元素。例如,通过在手机银行或网上银行中嵌入智能推荐系统,银行可以根据客户的浏览记录和交易习惯,主动推送相关的金融产品或服务信息。最后,商业银行需要加强与科技公司的合作,引入先进的大数据分析技术和人工智能技术。通过应用这些技术,银行可以更准确地了解客户需求,提供更加个性化的服务,从而提升客户的满意度和忠诚度。

三、构建物流与供应链管理平台

在互联网时代,商业银行为了更好地服务于供应链金融,搭建物流与供应链管理平台成为一种重要策略。这一平台通过技术手段将供应链的各个环节紧密相连,可以增强银行、物流公司、核心企业及中小企业之间的合作与协同。

商业银行通过搭建物流与供应链管理平台,为各参与方提供了一个高效、透明的沟通环境。在这个平台上，物流公司可以通过注册成为会员，进而成为银行供应链金融的合作伙伴。这种会员制的管理模式不仅有利于银行筛选优质的物流服务商，还有利于通过平台的评级系统为企业提供更加可靠的物流服务选择。当供应链上的企业根据这些评级信息和自身需求选定物流公司后，银行与企业签订相关的供应链金融合作协议，物流公司就可以通过这个管理平台对供应链企业的货物进行有效的监管。此外，这个平台更是一个信息交汇的中心。银行可以在平台上发布包括核心企业在内的整条供应链上所有企业的产品详细信息以及企业间的交易合作信息。这种信息的实时反馈，大大提高了供应链的透明度和效率。对于资金短缺的中小企业而言，通过这个平台，银行可以协助它们进行资金管理，解决流动资金不足的问题，从而促进整个供应链的稳健运作。更为重要的是，物流与供应链管理平台的更新与完善可以促进供应链上企业内外部的商务活动高度融合。在企业内部，"产—供—销"的协同更加顺畅，各部门之间的信息流通加快，决策效率提高。而在企业外部，与供应商、客户以及物流公司的协调机制也更加有效。这种内外协同的加强无疑会极大地提升供应链的整体效能和响应速度。

要实现这种高效的协同，信息的协同共享是关键。因此，平台应特别注意商品的编码问题。只有解决了商品编码的统一性和兼容性，资金流、商流、信息流以及供应链与物流等服务主体之间的商品识别体系才能得以顺畅运行。这就需要平台具备强大的数据处理能力和标准化的管理体系，以确保信息的准确传递和有效利用。

四、打造与时俱进的互联网企业文化

（一）企业文化的功能

企业文化是指在一定的社会大文化环境影响下，经过企业领导者的长期倡导和全体员工的共同认可、实践与创新所形成的具有本企业特色的整体价值观念、道德规范、行为准则、经营哲学、企业制度、管理风格以及历史传统的综合。企业文化具有以下功能。

1. 导向功能

通过明确传达企业的愿景、使命和核心价值观，企业文化为企业成员提供了行为和决策的指南。这种导向作用可以帮助员工理解企业的长期目标和日常行为的预期标准,确保他们的行为与企业的总体战略和目标保持一致。当员工面临决策时,企业文化提供的价值观念和原则将引导他们作出符合企业利益和文化的选择。在这种文化导向下,员工不仅能够明白自己的工作如何与企业的大目标相联系,还能在遇到不确定性和挑战时,依据企业文化的指引作出反应,从而提高企业的战略执行力和市场适应性。此外,企业文化的导向功能还促进了企业内部的信息共享和沟通,帮助员工形成共同的语言和理解,减少误解和冲突,提升整体的组织效率。

2. 凝聚功能

企业通过共享的价值观、信念和目标可以增强员工之间的相互联系和归属感,从而构建团结协作的组织氛围。凝聚功能使企业文化成为连接不同背景和专业的员工,促进他们为共同目标齐心协力的重要纽带。在这样的文化影响下,员工能够感受到作为团队一员的价值和满足感,这种归属感和认同感可以激发员工的积极性和忠诚度,减少员工流动率,增强企业的内部稳定性。同时,凝聚功能还有助于形成积极的工作氛围,促进知识分享和创新,因为员工更愿意在支持和信任的环境中开放地交流想法和经验。此外,强大的凝聚力还能使企业在面对外部挑战和危机时展现出更强的韧性,员工能够团结一致,共同应对困难,保护企业的利益。

3. 激励功能

企业精神和企业形象是企业文化的两个重要组成部分。企业精神要求企业员工以一种积极向上的工作态度完成各项工作,迎接各种挑战,体现了员工应有的精神面貌。当公司的企业文化建设取得成效时,企业便会在社会上具有良好的口碑和声誉,这就为企业树立了良好的形象。这会使员工产生强烈的自豪感,以在企业工作为荣,激励他们为了维护企业的形象和声誉而付出自己的努力。

4. 约束功能

企业文化为员工行为设定了规范和标准,起到了无形的约束作用。在企业文化的引导下,员工更能遵守组织规定,避免不道德或违规行为。这种文化约束有助于维护企业形象,降低法律风险,保障企业稳定运行。文化中的道德规范和行为标准有助于形成正面的企业形象,增强外部利益相关者的信任和合作意愿。

5.适应功能

企业文化可以促进组织快速适应外部环境的变化。在市场竞争和技术进步日新月异的今天，企业需要快速响应外部变化以保持竞争力。拥有强大文化支撑的企业能够更有效地传递信息、快速作出决策并积极执行，从而在不断变化的环境中保持灵活和竞争力。企业文化还有助于员工理解和接受变革，减轻变革带来的不确定性和压力。

6.辐射功能

优秀的企业文化可以通过多种渠道，如电视、网络、报刊等媒体，影响力较大的公益活动、公关活动等，对社会产生辐射力，使社会公众看到企业产生的积极影响，从而促进企业实现内部的顺畅发展，外部具有良好的口碑和形象。

（二）商业银行企业文化的打造

要促进商业银行互联网供应链金融的发展，就必须在实际管理工作中融入供应链管理的相关理论和实践方法，从而更清晰地确定银行在互联网供应链金融领域的发展方向和重点。因此，在持续深化互联网供应链金融业务的过程中，银行应进一步凸显自身的独特优势，塑造既顺应时代潮流又体现自身特色的企业文化，力求在战略规划、合作伙伴关系、营销策略以及协同发展等层面，实现互联网供应链金融与企业文化的深度融合。

1.战略联盟的生存文化

互联网时代以合作、共享、共赢为特征，仅靠自身资源发展的模式已经无法满足市场的快速变化和激烈竞争。因此，商业银行必须树立战略联盟的生存文化。

首先，战略联盟能够帮助商业银行横向集成资源，实现强强联手。在市场竞争日益激烈的今天，任何一家银行都难以仅凭自身有限的资源来立足。通过与其他企业或机构建立战略联盟，银行可以共享彼此的资源、技术和市场渠道，从而提升自身的竞争力。这种横向系统一体化的联盟协作管理文化，使得银行能够更快速地响应市场需求，更好地服务于消费者。其次，战略联盟有助于银行创新并推广供应链金融产品。在互联网经济时代，金融产品的创新速度极快，而供应链金融产品正是其中的一种重要创新。通过与供应链上的核心企业、物流公司等建立战略联盟，银行可以深入了解供应链运作的实际情况，开发出更符合市场需求的供应链金融产品。同时，借助联盟伙伴的力量，银行还可以更广泛地推广这些产品，扩大市场份额。

2. 互惠互利的合作文化

通过与供应链金融相关主体之间建立深度合作关系，商业银行可以实现资源共享、技术共享、信息共享以及市场机会共享。这种合作模式不仅有助于银行弥补自身在某些领域的资源不足，还能通过共享技术和市场信息，提升银行的整体竞争力。更为重要的是，这种互惠互利的合作文化还体现了风险共担的精神。在供应链金融领域，风险是无处不在的。通过与合作伙伴共同分担风险，商业银行可以降低自身所承担的风险水平，提高经营的稳健性。同时，这种风险共担的机制也有助于增强合作伙伴之间的信任和默契，为长期的合作关系奠定坚实的基础。

3. 协同一致的和谐文化

供应链系统的整体绩效高度依赖于各个合作伙伴之间的协调性和一致性。只有合作伙伴们协同工作，形成一个和谐的整体，供应链系统才能以最高效率运行，从而为客户提供优质的服务。商业银行在实施供应链金融业务时，必须充分考虑与客户、其他商业银行、物流企业以及供应链上的各类企业之间的关系。这些关系是供应链金融生态的重要组成部分，对业务的顺利开展具有决定性的影响。因此，商业银行需要努力创造一个协同一致的合作氛围，这不仅能够提升供应链的整体效率，还能够增强各合作伙伴之间的信任度和忠诚度。

五、加强互联网供应链金融业务团队建设

（一）互联网供应链金融发展的人才需求

互联网供应链金融的发展对人才的需求是多元化的，需要的人才类型主要有以下几种。

1. 金融专业人才

金融专业人才深谙金融市场运作规则，对金融产品设计和风险评估有深入的理解和实践经验。他们能够提供专业的金融建议，设计符合市场需求的供应链金融产品，并对潜在的金融风险进行有效识别和管理。

2. 供应链管理专家

供应链管理专家精通物流、采购、库存管理等领域的专业知识，能够优化

供应链流程，提高供应链的效率和响应速度。他们对于供应链的理解是构建高效供应链金融体系的关键。

3.互联网技术人才

互联网供应链金融离不开技术的支持。互联网技术人才需要具备扎实的编程基础、大数据分析能力和网络安全知识。他们能够开发并维护供应链金融平台，保障数据的安全性和准确性，同时能够利用大数据技术对客户和市场进行深入分析，为决策提供支持。

4.市场营销与客户服务人员

市场营销与客户服务人员擅长市场推广和客户服务，能够准确把握市场需求，制定有效的营销策略，提升供应链金融产品的市场知名度和占有率。同时，他们能够提供优质的客户服务，提高客户满意度和忠诚度。

5.风险管理与合规人才

供应链金融涉及多方参与和复杂的资金流、信息流、物流等，因此风险管理和合规性尤为重要。这类人才需要具备丰富的风险管理经验和法律知识，能够制定并执行风险管理策略，确保业务合规，降低潜在的法律风险。

6.数据分析师与业务分析师

在大数据时代，数据分析与业务分析能力对于供应链金融至关重要。数据分析师能够深入挖掘数据价值，为产品优化、风险控制等提供数据支持。业务分析师则能够深入理解业务需求和市场动态，为供应链金融业务的持续改进和创新提供有力支撑。

（二）互联网供应链金融发展的人才队伍建设

商业银行在推进互联网供应链金融业务时，人才队伍建设尤为重要。具体来说，人才队伍建设主要有以下两个途径。

1.外部招聘

外部招聘是商业银行快速获取优秀供应链金融人才的有效途径。首先，外部招聘能够快速引入行业内已经成熟的专业人才。供应链金融作为一个跨金融、物流、信息技术等多个领域的综合性业务，要求从业人员不仅具备扎实的金融理论基础，还需要对物流和供应链管理有深入的理解。通过外部招聘，商业银行可以直接从市场上吸引那些在供应链金融领域有实战经验的人才，他们能够快速融入团队，为银行带来新的业务思路和发展策略。其次，外部招聘有助于银行打破内部思维的局限性。内部员工在长期的工作中可能会形成一定的思维定式,而外部人才通常具备不同的行业背景和经验,他们的加入能够激发团队的创新活力,推动银行在激烈的市场竞争中保持领先地位。最后,通过外部招聘,商业银行可以扩大自身的人才库,增强对市场的敏感度和适应性。随着供应链金融市场的不断变化,银行需要不断调整和优化自身的业务策略。外部人才的加入可以为银行提供更多的市场信息和行业动态,帮助银行更好地把握市场脉搏,作出更加明智的决策。

商业银行进行外部招聘时,可从以下几个方面着手。

第一,确定明确的招聘目标和要求。商业银行需要清晰地知道自己所需供应链金融人才的具体职责、技能要求和经验背景。这样在发布招聘信息时才能准确地描述岗位需求和任职要求,吸引真正符合银行要求的人才。

第二,选择合适的招聘渠道。银行可以通过多种渠道发布招聘信息,如招聘网站、社交媒体、行业论坛等。特别是在专业性强、目标人群明确的渠道上投放广告,能更有效地触及潜在候选人。此外,与高校、专业机构等建立合作关系,开展校园招聘或专业人才推荐,也是获取优秀人才的有效途径。

第三,在招聘过程中注重品牌形象的塑造。商业银行可以通过展示自己在供应链金融领域的成就、企业文化和发展前景,吸引那些有志于在这一领域发展的人才。良好的企业形象不仅能提升招聘活动的吸引力,还能增强候选人对银行的信任感和归属感。

第四,构建高效的筛选和面试流程。银行需要建立一套科学、公正的评估体系,对候选人的专业技能、沟通能力和团队协作能力进行全面考察,通过初步筛选、笔试、面试等环节,逐步缩小候选人范围,最终选拔出适合岗位的人才。

第五,建立及时、透明的沟通反馈机制。银行需要保持与候选人的良好沟通,及时反馈招聘进展和结果,以增强候选人的体验和满意度。同时,对于未被录用的候选人,银行也可以建立人才库,为未来的招聘活动储备资源。

2.内部培养

内部培养是商业银行打造供应链金融人才队伍的另一种重要方式。与外部招聘不同,内部培养更侧重于对现有员工潜力的挖掘和提升,这不仅能够增强员工的归属感和忠诚度,还有助于银行形成稳定且高效的工作团队。

要进行有效的内部培养，就要建立一套完善的培训体系，包括从基础知识到专业技能的全面培训内容，涵盖供应链金融的理论知识、操作流程、风险控制等多个方面。通过学习系统性的课程和实战模拟，员工可以逐步掌握供应链金融的核心业务和操作技能。在实施培训过程中，银行要注重培训方法的多样性和实效性。传统的课堂讲授方式可以传授理论知识，但为了让员工更好地理解和应用这些知识，还需要结合实际案例进行分析和讨论。此外，角色扮演、团队协作等互动式培训方法也可以有效提升员工的实际操作能力和团队协作精神。除了专业培训外，银行还应该注重员工的职业发展规划。银行要与员工进行定期的职业发展沟通，了解他们的职业目标和发展需求，然后提供相应的支持和资源。这包括提供内部岗位轮换的机会，让员工在不同部门和岗位上积累经验，拓宽视野；也可以设立内部导师制度，让经验丰富的员工指导新员工，实现知识和经验的传承。内部培养还需要持续跟进和评估。银行要定期对培训效果进行评估，收集员工的反馈和建议，然后不断优化培训内容和方法。同时，银行要关注员工在培训后的工作表现，确保所学知识能够真正应用到实际工作中。

（三）建立科学合理的绩效激励机制

在商业银行的互联网供应链金融业务团队建设中，科学合理的绩效激励机制对于提升员工的工作积极性、促进业务发展和增强团队凝聚力具有至关重要的作用。

第一，建立合理的薪酬与绩效挂钩制度。在传统的薪酬体系中，员工只能获得固定的薪资，这在一定程度上抑制了他们的工作热情和创新能力。然而，通过将薪酬与绩效挂钩，员工能够明确地知道自己的工作表现将直接影响收入水平。这种制度设计使得员工有更强的动力去追求卓越的工作表现，以获取更高的报酬。

第二，完善"团队绩效"激励机制，进一步强化团队协作的重要性。在供应链金融业务中，团队协作是至关重要的，因为这项业务涉及多个部门和多种技能的整合。通过"团队计酬、团队内再分配"的薪酬分配办法，银行能够确保每个团队成员都能够分享团队成功的果实。这种分配方式不仅公平，而且能够激发团队成员之间的合作精神和竞争意识。

第三，明确"多劳多得，少劳少得"的分配方针。在这种方针指导下，员工会意识到自己的每一分努力都会得到应有的回报。这种即时的正向反馈能够极大地提高员工的工作满意度和归属感，进而促进他们更加投入地工作。

第四，提供晋升机会、培训和发展计划等非物质激励。这些措施能够满足员工对于职业成长和个人发展的需求，从而进一步提高他们的工作积极性和忠诚度。

第五，在实施绩效激励机制时，商业银行还要注意公平性和透明度。公平性意味着激励措施应该适用于所有员工，不偏袒任何人。透明度则要求银行公开、清晰地说明激励制度的具体内容和实施方式，以便员工了解和监督。

part 5

第五章　互联网供应链金融风险管理

第一节　互联网供应链金融风险的类型与特征

一、互联网供应链金融风险的概念

（一）金融风险

金融风险是指在金融活动中，经济主体（如金融机构、企业、个人、政府等）遭受的经济损失的概率和可能性。金融风险渗透于现代经济生活的每一个角落，随着金融市场的不断发展和国际金融环境的动荡，金融风险的影响范围也日益扩大。

（二）供应链金融风险

供应链金融风险指的是在供应链金融活动中所面临的潜在财务损失风险。这种风险主要源自供应链中不同参与方之间的财务交易和协作过程。在供应链金融中，资金流、商品流和信息流的相互依赖性增加了系统的复杂性，从而导致各种风险的出现。

（三）互联网供应链金融风险

互联网供应链金融风险指的是在利用互联网技术进行供应链金融活动中所遇到的各种潜在风险。这些风险源于在线金融交易的特性和供应链的复杂性。

二、互联网供应链金融风险的类型

供应链金融风险按其成因可被系统性地划分为流动性风险、市场风险、信用风险、操作风险和法律风险等风险类别。这些风险在互联网供应链金融中同样存在，并且由于融合了互联网的特定属性，这些风险在触发因素、表现方式和潜在危害上与传统供应链金融存在差异。此外，互联网供应链金融还涉及一些传统模式中不具备的风险，如技术风险、数据风险等。如表5-1所示。

表 5-1 传统供应链金融风险与互联网供应链金融风险

风险类型		具体含义
二者共有风险	流动性风险	金融机构以合理价格销售资产或借入资金满足流动性供给的不确定性
	市场风险	股价、利率、汇率等的变动而使金融资产或负债的市场价值发生变化的不确定性
	信用风险	融资企业由于各种原因无法还款或通过欺诈等手段恶意贷款不还给供应链平台或核心企业带来损失的可能性
	操作风险	由于内部操作程序的不完善、工作人员的失误或外部事件（如黑客攻击等）造成的潜在损失
	法律风险	因法律法规的变更、司法解释的不明确或司法执行的不一致，以及合同条款的缺陷或不当执行导致的损失
	信誉风险	由于金融机构未能建立稳固的客户关系或未能树立良好的信誉，从而影响金融业务有序进行的风险
互联网供应链金融特有风险	技术风险	系统安全风险、技术选择风险、技术支持风险
	数据风险	主要包括数据管理、数据传输、数据加工等方面的风险

（一）流动性风险

流动性风险描述的是金融机构在需要时可能无法以合理的价格迅速转换资产为现金或获得足够的借款来满足其流动性需求。在传统供应链金融领域，流动性风险的主要来源包括期限错配（如存款与贷款期限的不一致）、意外的资产损失（如大量的不良贷款或重大的保险理赔）以及市场恐慌引发的大规模资金撤回（如银行挤兑或基金的集中赎回）。这些因素都可能直接影响金融机构的运营稳定性和信用状态，严重时甚至可能导致金融机构倒闭。

在互联网供应链金融领域，流动性风险与传统金融风险在本质上相似，但表现形式和风险源有所不同。例如，网络银行可能将大量资金投入电子货币或其他电子金融产品中，若在需要时无法足够快地兑现这些资产以满足客户的提现、赎回或结算需求，便会面临流动性风险。互联网供应链金融的流动性风险还特别受到线上操作模式的影响，包括技术故障、网络安全事件、数据管理失误等，这些问题都可能在短时间内影响金融机构的资金流动性。

对于互联网供应链金融机构而言，管理流动性风险不仅需要关注资金的充足性和资产的流动性，还要考虑互联网技术带来的额外挑战和潜在的系统性风险。这需要金融机构在风险管理策略中融入更多的技术方面的考量，以保障其长期的稳定运营和信用能力。

（二）市场风险

市场风险是指股价、利率、汇率等的变动而使金融资产或负债的市场价值发生变化的不确定性，主要包括股票风险、利率风险、汇率风险和商品风险。[1]

市场风险通常与金融市场的成熟度相关，成熟市场的风险相对较小。然而，一旦市场风险大规模爆发，可能给投资者和整个金融市场带来灾难性的后果。因此，广泛的投资者群体往往难以有效管理这种风险，需要依靠政府的市场规范和监管，以及打击市场操纵等违规行为的法律法规来保护投资者的利益和市场的健康运作。

（三）信用风险

信用风险是指融资企业由于各种原因无法还款或通过欺诈等手段恶意贷款不还给供应链平台或核心企业带来损失的可能性。[2]

从供应商的角度来看，融资需求大、融资难度大的供应商，一般都是互联网供应链平台中的中小企业，它们普遍面临实力较弱、资质不足的问题。这些企业在经营上往往遵循保守和惯性的模式，导致生产效率低下，资金周转困难，资产负债率偏高。尽管这些企业可能通过大数据系统审核获得核心企业的融资担保，但在后续的运作和还贷过程中，由于外部不可抗力、市场环境变化等因素，仍然可能出现逾期还款的情况，从而给自身带来品牌形象、企业信誉和资金等多方面的损失。

上下游中小企业作为供应链金融生态链中的直接承贷主体，其管理制度不健全、治理结构不完善、信息不透明和业绩不稳定等问题也是引发信用风险的重要因素。这些问题不仅影响企业自身，还可能导致整条供应链发生信用风险。

核心企业在互联网供应链金融中占据核心地位，其经营状况和发展前景对上下游企业的生存和未来发展具有决定性作用。[3]一旦核心企业的信用状况出

---

[1] 武长海，涂晟．互联网金融监管基础理论研究 [M]．北京：中国政法大学出版社，2016：142-143．

[2] 许童童．互联网供应链金融风险控制研究 [D]．长沙：湖南大学，2017．

[3] 侯红萧．互联网供应链金融模式创新与风险研究 [J]．时代金融，2019（6）：1-2．

现问题，供应链中的上下游企业同样会受到牵连，从而危及整个互联网供应链金融的安全。因此，核心企业的信用风险是互联网供应链金融面临的主要风险之一。

在互联网供应链金融中，信用风险主要是由信息不对称引起的。与传统供应链金融相比，互联网供应链金融的虚拟性和开放性特征意味着所有业务活动，包括交易信息传递和支付结算，都在虚拟环境中进行。这虽然克服了地理空间的限制，提高了效率，但也增加了验证交易身份和真实性的难度。[①]这种环境下的信息不对称问题尤为突出，因为交易双方和金融机构之间难以获得彼此完整的信用信息，从而增加了信用风险。另外，随着大数据、云计算等技术的发展，互联网金融机构开始利用这些技术审核客户信用。这些技术可以根据客户的交易数据进行精准的信用评估，提高信用风险管理的效率和透明度。然而，这种基于数据的信用评估方法也面临着数据不充分、数据失真和模型设计缺陷等问题，这些都可能导致误判和风险暴露。当前社会信用体系的不完善也是增加互联网供应链金融信用风险的一个重要因素。在一个不完善的信用体系中，即便利用先进的技术，互联网金融机构仍然难以完全依赖客户提供的信息，这加大了信用风险的不确定性。

（四）操作风险

操作风险主要是由于内部操作程序的不完善、工作人员的失误或外部事件（如黑客攻击等）造成的潜在损失。这类风险在所有金融中介和市场活动中普遍存在。

从操作风险的来源和表现形式看，操作风险涵盖的内容非常广泛，而且不同模式下可能产生不同形式和不同类别的操作风险。[②]

操作风险主要有以下几种：第一，由互联网金融机构引起的操作风险。我国互联网金融机构的质量参差不齐，部分机构缺乏有效的风险控制能力，这常导致决策错误、结算错误、交割失误以及履约失败等一系列风险。依赖大数据的金融企业若未建立有效的防控系统，可能会因为系统的延迟或瘫痪导致信息

---

① 许荣，刘洋，文武健，等．互联网金融的潜在风险研究 [J]．金融监管研究，2014（3）：40-56．

② 武长海．论互联网背景下金融风险的衍变、特征与金融危机 [J]．中国政法大学学报，2017（6）：55-74，159．

丢失、系统拥堵、交易失败以及客户资产损失等问题。第二，由于工作人员或投资者的操作不当引起的操作风险。这种操作风险通常发生在金融交易处理过程中。工作人员可能因为缺乏经验、疏忽或误操作，如错误处理交易、错误输入数据或在进行财务交易时应用错误的程序，导致财务损失或客户不满。投资者自身的错误操作也能引发风险，特别是在高频交易或大额交易中，一个小错误可能导致巨大的经济损失。第三，客户操作不当引起的操作风险。互联网供应链金融由于经常引入新的金融产品和服务，这可能导致客户对操作过程不熟悉，从而产生操作错误。当客户与金融机构在进行网络金融业务时，任何无意或故意的错误操作都有可能对金融机构造成风险。例如，客户错误地处理在线支付或转账，或者在使用复杂的金融产品时理解有误，导致不符合预期的财务结果。第四，外部事件造成的操作风险。互联网供应链金融系统高度依赖电子支付和数据处理平台，这使得系统特别容易受到网络安全威胁，如黑客攻击、病毒入侵或其他网络犯罪行为。这些安全威胁可能导致系统瘫痪、交易异常、客户数据泄露、资金被非法盗用以及信息被篡改或窃取等一系列严重后果。

（五）法律风险

法律风险指的是因法律法规的变更、司法解释的不明确或司法执行的不一致以及合同条款的缺陷或不当执行导致的损失风险。这类风险的存在反映了在互联网金融活动中，由于法律框架的滞后或不完善，金融机构和客户可能面临的各种法律挑战和威胁。

第一，互联网供应链金融作为一种创新的金融模式，涉及复杂的商业交易和多样的金融产品，这些都必须在现有的法律框架内进行规范。然而，互联网金融的快速发展往往超出了现有法律法规的调整速度，导致许多新出现的业务模式和交易形式没有明确的法律指导。例如，跨境电子支付、数据保护、消费者权益保护等领域，法律法规可能未能全面覆盖或存在解释上的空白，从而为金融机构的运营带来不确定性。

第二，由于交易双方可能位于不同的法域，加之互联网交易的匿名性和虚拟性，合同的有效性、可执行性以及合同条款的明确性常常受到挑战。若合同条款制定不当或存在解释歧义，一方可能在未来的合法权益主张中处于不利位置，或者因对合同条款的不同理解而引发纠纷。

第三，在司法实践中，由于互联网金融涉及的技术特点和业务模式的特殊性，司法机关在处理相关案件时可能因缺乏足够的专业知识而导致判决的不一致。这不仅会影响案件的公正处理，也增加了金融机构在操作时的法律不确定性。

（六）信誉风险

信誉风险是指由于金融机构未能建立稳固的客户关系或未能树立良好的信誉，从而影响金融业务有序进行的风险。[①]这种风险的影响是深远和持续的，可能导致公众对特定互联网金融服务提供者失去信心，也可能损害其与客户之间建立的长期良好关系。

互联网供应链金融机构的信誉风险主要表现在以下几个方面。

（1）如果互联网供应链金融机构提供的产品和服务未能满足公众预期，相关的负面信息可迅速在社会公众中传播。这种情况可能源于互联网供应链金融机构自身的问题，如产品设计缺陷、服务质量低下，或者是由于企业无法控制的外部因素引起的。无论哪种情况，一旦负面信息扩散，金融机构的信誉就会受到影响。

（2）如果客户在使用互联网金融服务时遇到问题，如系统故障或服务中断，互联网供应链金融机构未能提供及时或有效的响应，就会对企业的信誉造成损害。顾客体验的负面影响会直接反映在企业的信誉评价上。

（3）通信网络问题导致客户无法及时访问自己的账户信息，这种技术问题虽然常由外部因素造成，但也会让客户对互联网供应链金融机构的专业性和可靠性产生怀疑。

（4）互联网供应链金融机构在网络服务中的其他失误，如数据处理错误、隐私保护失败等，同样会削弱客户对金融机构的信任。特别是在数据安全方面，一旦发生数据泄露或客户信息被不当利用的事件，将会对互联网供应链金融机构的信誉造成巨大损失。

（七）技术风险

技术风险指的是因技术失败或缺陷而导致的潜在损失风险，主要包括以下三种类型。

---

① 杨群华. 我国互联网金融的特殊风险及防范研究 [J]. 金融科技时代，2013，21（7）：100-103.

1. 系统安全风险

互联网供应链金融的运作高度依赖计算机网络技术,其风险控制环节也主要由电脑程序和软件系统承担。因此,计算机网络技术的安全性对于互联网供应链金融的有序运行至关重要,它构成了互联网供应链金融面临的最主要技术风险。一旦发生互联网传输故障、黑客攻击或计算机病毒入侵等不利事件,互联网金融的计算机系统就面临技术上的瘫痪风险,进而影响整个金融服务的稳定性和可靠性。

第一,密钥管理和加密技术的不完善。由于互联网金融交易高度依赖计算机网络,所有的交易数据都通过网络传输,安全的加密技术是保护这些数据不被非法访问和窃取的关键。如果密钥管理和加密措施不充分,黑客可能在数据传输过程中进行攻击,甚至直接攻击系统的终端,从而对互联网金融的整体安全造成威胁。[1]

第二,TCP/IP 协议的安全性有待提高。虽然在确保信息通信畅通方面表现出高效简单的特点,但其在设计上并未充分考虑安全性问题,使得数据在传输过程中的加密程度不够,容易被窥探或截获,从而引发资金损失。

第三,计算机病毒的广泛传播。在互联网时代,病毒可以通过网络迅速扩散,一旦交易系统的某部分被病毒感染,可能导致整个系统的崩溃。与传统供应链金融系统中的安全问题通常只造成局部影响不同,互联网供应链金融中的安全问题可能会导致整个网络服务的瘫痪,其破坏力和影响范围极大。

2. 技术选择风险

技术选择风险是指关键技术方案选择的不当对整个供应链金融活动产生的影响。与传统供应链金融业务相比,互联网供应链金融业务技术选择的失误带来的后果更为严重。在传统供应链金融业务中,技术只影响业务流程的速度和成本。然而,在互联网供应链金融业务中,信息处理和传输速度的重要性远超传统模式,技术的先进性直接关系到金融机构的生存和发展。

第一,信息传输的低效。如果一个金融机构选用的技术系统与客户端软件的兼容性差,会导致在与客户信息传输过程中频繁出现中断或传输速度慢,这

---

[1] 杨群华. 我国互联网金融的特殊风险及防范研究 [J]. 金融科技时代,2013,21(7): 100-103.

样的技术问题会延误交易时机，影响用户体验，甚至可能因错过关键交易时刻而造成经济损失。在互联网供应链金融中，信息的实时传输和处理是保障交易成功的基础，任何的延迟都意味着巨大的风险。

第二，技术的陈旧性。在技术迅速发展的今天，选择落后或已被市场淘汰的技术方案，会使得金融机构在效率和安全性上落后于竞争对手。这种技术的滞后性不仅限制了业务的扩展和新功能的实现，而且在高度竞争的市场中，技术落后直接等同于商业机会的丧失。例如，如果金融服务的网站或应用程序无法支持最新的支付方式或者处理速度无法满足市场要求，客户可能会转向提供更快、更安全服务的竞争者。

3. 技术支持风险

由于互联网技术具有很强的专业性，从事互联网供应链金融业务的机构受技术所限或出于降低运营成本的考虑，往往需要依赖外部的技术支持来解决内部的技术问题或管理难题。依赖外部技术支持带来的风险主要表现在以下几个方面：

第一，外部技术支持服务可能由于各种原因无法满足金融机构的具体需求，或者服务的质量不达标，这会直接影响金融机构的运营效率和客户满意度。例如，如果技术支持在关键时刻无法迅速解决系统故障或数据问题，可能会导致交易延迟或错误，影响客户体验，甚至引起客户投诉或法律诉讼。

第二，外部技术供应商可能因为经营不善、技术更新、策略调整等原因中止服务，这对依赖外部支持的金融机构来说可能是灾难性的。一旦外部供应商停止服务，金融机构可能突然失去对关键技术的支持，从而影响整个业务的正常运作。

第三，依赖外部技术支持还可能带来安全隐患。外部服务提供者在处理金融机构的数据和信息时，如果没有良好的安全管理和保密措施，可能会导致敏感信息泄露或被非法访问。这不仅损害客户的利益，还可能导致金融机构面临法律责任和声誉损失。

（八）数据风险

在互联网供应链金融中，数据风险是一个关键的考虑因素，涉及数据管理、数据传输、数据加工等方面。这些风险源于对大量敏感金融数据的处理和使用，以及这些数据在存储、处理和传输过程中可能遭遇的安全和完整性问题。

数据管理风险主要关注数据的安全存储、访问控制和数据完整性保护。在互联网供应链金融环境中，金融机构需要妥善管理客户和交易数据，确保数据不被未授权访问、篡改或删除。缺乏有效的数据管理策略和工具可能导致数据被泄露或损坏，从而对金融机构的信誉和客户的信任造成严重损害。[①]

数据传输风险涉及在网络中传输数据时的安全性问题。由于互联网供应链金融依赖网络进行交易和通信，数据在传输过程中可能遭受拦截、监听或篡改。不安全的传输协议和加密技术的缺陷都会增加数据在传递过程中被攻击的风险。因此，使用强加密技术和安全的通信协议是保障数据传输安全的重要措施。

数据加工风险指的是在数据分析和处理过程中可能出现的错误和缺陷。错误的数据加工方法会导致错误的决策和策略制定。此外，软件编程错误、算法缺陷或数据处理系统的故障都会影响数据加工的正确性，从而影响金融服务的质量和效率。

三、互联网供应链金融风险的特征

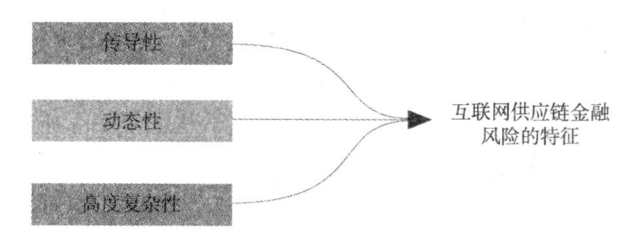

互联网供应链金融风险的特征如图5-1所示。

图5-1 互联网供应链金融风险的特征

（一）传导性

互联网供应链金融风险的传导性是指金融风险通过网络关系在各个节点间传播的现象。由于互联网技术的发展，信息传播速度快，网络结构的密集度高，金融风险的传播和影响力可以迅速扩散到整个金融网络中。

互联网供应链金融高度依赖技术和网络系统，这使得任何小的技术故障或

[①] 冯采，夏季，赵文冰．人工智能对中国银行业发展带来的机遇与挑战 [J]．北方金融，2023（5）：8-12．

操作失误都可能迅速被放大，并传递到整个金融系统中。比如，一个互联网供应链金融平台的技术问题可以导致交易失败或数据丢失，这类事件一旦发生，不仅影响直接的用户，也可能通过网络迅速传播开来，引发用户对其他平台或服务的信任危机。在金融市场稳定的时期，信息的广泛共享通常有助于风险的分散和消费者决策的理性化。然而，在金融市场动荡时期，信息的快速传播则可能导致恐慌性行为同步发生，加剧市场的动荡。消费者和投资者在接收到负面信息后，可能会集体采取撤资等防范措施，这种"羊群效应"不仅放大了原有的金融风险，还会引发更广泛的金融危机。此外，互联网供应链金融的"开放"特性意味着信息不仅限于单一机构内部传播，而是在整个网络中流动。一个平台的问题，如某一个公司的不良事件，很容易被公众知晓，并影响其对整个行业的看法。这种从单一事件到行业整体的负面影响的传播，扩大了金融风险的范围，可能使整个行业的信誉受损。

互联网供应链金融企业因此需要重视风险管理和信息控制，尤其是在动荡时期，合理控制信息发布和解释，避免不必要的恐慌和误解。同时，这也要求金融监管机构和企业加强对金融技术的监控和审查，确保技术和操作的安全性，以减少因技术问题引发的风险传导。

（二）动态性

互联网供应链金融风险的动态性是指风险会随着供应链的网络规模和程度、融资模式的创新、运营状况的交替、组织结构的变动、社会经济的变化、外部环境的变化等因素不断地变动。下面依次探讨这些因素是如何影响互联网供应链金融风险的。

供应链的网络规模和程度的扩张意味着更多的交易节点和更复杂的交易关系被纳入系统中。随着参与者数量的增加和网络联系的深化，任何一个节点的问题都可能迅速影响整个网络，导致风险的迅速扩散。例如，一个供应商的财务问题或运营失败可能影响所有依赖其产品或服务的下游企业，进而影响整个供应链的稳定性。融资模式的创新，如通过区块链技术实现的供应链金融，虽然提供了新的机会和效率优势，但也带来了新的风险。这些创新性融资方式往往涉及复杂的技术和法律问题，其风险在市场尚未完全了解或测试这些新模式时会被放大。此外，这些新模式可能还未受到充分的监管，增加了操作和合规的不确定性。运营状况的交替，如市场需求的快速变化或生产流程的调整，也直接影响供应链金融的稳定性。运营效率的提高或降低都会改变企业的资金流和财务状况，从而影响其还款能力和融资需求。组织结构的变动，如企业合并、收购或重组往往伴随着管理层和操作模式的重大调整，可能导致内部控制的暂时弱化，增加金融误操作的风险。社会经济的变化，如经济衰退、政策变动或市场趋势的转变，也会对互联网供应链金融产生影响。经济环境的不稳定性可能增加信贷风险，影响消费者和企业的支付能力和融资需求。外部环境的变化，如自然灾害、政治动荡或全球性的经济危机，都可以通过供应链网络迅速传导，影响依赖该网络的金融机构和企业。

由于这些风险的不可计量性和不可预测性，它们引发的损失很难直接计入成本，也带来潜在的收益机会，这使得风险管理不仅是风险防控，也关系到利用这些风险带来的机遇。因此，有效的风险管理策略需要具备高度的灵活性和适应性，能够根据环境的变化进行快速调整。

（三）高度复杂性

互联网供应链金融风险的高度复杂性源于多因素的影响，金融产品和服务的多样性、参与主体的多元化、技术的迅速变革以及法律和监管环境的持续演变等因素不仅为互联网供应链金融带来了前所未有的机遇，也使得互联网供应链金融风险更加复杂。

第一，多样化的金融产品和服务增加了互联网供应链金融风险的复杂性。从传统的贸易融资到创新的供应链融资解决方案，如发票融资、动产融资、仓单融资等，各种产品设计都是旨在解决供应链各阶段的资金需求。这些产品涉及不同的金融机构、中介和服务提供商，包括银行、非银行金融机构、科技公司等，它们利用先进的技术，如区块链、大数据、云计算，提高服务的效率和安全性。每一种技术的引入，都在原有的供应链金融操作模式中添加了新的一层复杂性。

第二，参与主体的多元化增加了互联网供应链金融的复杂性。供应链金融涉及的不仅仅是供应商和买家，还包括制造商、分销商、零售商、物流服务提供者等多方参与者，它们在供应链中各自扮演不同的角色，有着不同的风险承受能力和资金需求。这种多方参与的环境使得金融交易的执行更加复杂，需要对各方的信用状况、业务稳定性及其在供应链中的地位进行综合评估。

第三，技术的迅速变革增加了互联网供应链金融风险的复杂性。金融科技的发展为供应链金融提供了新的工具和平台，使得资金流动更加快速和透明。然而，技术的更新换代速度极快，既要求参与者不断学习和适应新的系统和工具，也带来了系统兼容性、数据安全和操作错误等问题。每一次技术更新都需要在确保技术安全和效率的同时，重新评估和调整现有的风险管理策略。

第四，法律和监管环境的持续演变也是增加互联网供应链金融风险复杂性的因素。不同国家和地区对供应链金融的监管政策不一，政策的变动会直接影响跨境交易的规则和成本。监管环境的不确定性要求金融机构和企业必须持续关注法律法规的变化，以适应新的监管要求，这不仅增加了运营的复杂性，也可能因不合规而面临法律风险。

第二节 互联网供应链金融风险管理的原则

互联网供应链金融必须从供应链和金融两个维度加强风险意识和风险管理。管理原则实际上反映了组织活动的一般规律，是管理者在追求组织基本目标过程中，处理人、财、物、信息等管理要素及其相互关系时所遵循的准则。考虑到互联网供应链金融的独特性，其风险管理的规律和评估主要围绕"六化"原则进行，具体包括业务闭合化、交易信息化、收入自偿化、管理垂直化、风险结构化以及与供应链金融活动密切相关的声誉资产化。

一、业务闭合化

在互联网供应链金融风险管理中，业务闭合化原则占据着举足轻重的地位。这一原则强调供应链运营中价值的发现、价值的生产、价值的传递和价值的实现应形成一个完整、循环的闭合系统，如图5-2所示。业务闭合的供应链首尾相接，形成环路，这种结构有助于最大化地提高效率、减少成本，从而构成互联网供应链金融运行的首要条件。

图 5-2　业务闭合化示意图

业务闭合化原则的实现，不仅要求供应链中的作业活动，如采购、生产、分销等能够有效衔接，还强调价值的完整结合和循环流动。在这个过程中，每一个环节的经济价值必须按照预先设定的程度得以实现，并有效地传递到下一个环节，以产生新的价值。这意味着人们在设计和运作互联网供应链金融时，必须全面考虑所有可能影响业务闭合的因素，确保供应链的稳定性和高效性。

一个稳定、有效的供应链体系需要做到主体完备到位、流程清晰合理、要素完整有效。具体而言，业务闭合化在互联网供应链金融中主要体现在以下几个方面。

首先，主体完备到位是保障业务闭合的基石。主体完备到位意味着在供应链设计、组织和运营过程中，所有的参与主体必须明确各自的职责，并发挥相应的作用。在互联网供应链金融中，这些主体包括供应链上的成员（上下游企业、合作者、第三方服务提供商等）、交易平台服务提供者、综合风险管理者以及流动性提供者等。这些主体必须相互协作，共同维护供应链的稳定运行。

其次，流程清晰合理是保障业务闭合的关键。在互联网供应链金融中，商流、物流、信息流和资金流的清晰和合理至关重要。商流的顺畅性直接影响供应链的运营效率，而物流的准确性和及时性则是保障供应链稳定的关键。同时，信息流和资金流的透明度和可追溯性也是确保业务闭合的重要因素。此外，线上和线下流程的融合也是实现业务闭合的重要一环。线上平台应提供便捷、高效的服务，而线下操作则应确保流程的规范性和安全性。

最后，要素完整有效是保障业务闭合的支撑。在互联网供应链金融中，采购、销售、技术、生产、信息化、人力资源管理、财务、会计等管理要素均发挥着重要作用。这些要素不仅需要完整齐备，而且必须能够有效支撑和监督互联网供应链金融活动的进行。例如，采购和销售环节的优化可以降低成本、提高效益；技术和生产环节的创新可以提升供应链的整体竞争力；信息化和人力资源管理的完善可以提高供应链的协同性和效率；财务和会计的规范可以确保资金的安全和合规性。

二、交易信息化

（一）交易信息化的含义

交易信息化是指各类交易信息能够及时、有效、完整地反映或获取，并通过先进的技术手段进行清洗、整合、挖掘，以便更好地掌握供应链运营的状态，进而实现对金融风险的有效控制。在互联网供应链金融中，交易信息化的含义得到了进一步的扩展。为了实现金融风险可控的目标，各参与主体不仅要获取和分析供应链运营中直接产生的各类信息和数据，还要实现信息全生命周期的管理，确保信息的准确性、完整性、及时性和安全性，从而实现有效的信息治理。信息治理作为一个全新的概念，与IT治理虽有一定的关联，但两者之间又存在明显的区别。IT治理更多地关注IT系统的组织、结构和流程，以确保它们能够支持企业战略和目标的实现。而信息治理则更加注重信息的产生、运用、处理和交换，旨在解决"需要什么信息、如何运用这些信息、谁负责"等问题。信息治理行为涵盖了交易管理、规则确立、信息安全、数据流管理以及信息的全生命周期管理等多个方面。

有效的信息治理，必须解决以下四个问题。

第一，构建稳固且高效的信息源和信息结构。在错综复杂的价值链中，每一个环节都需要精确而及时的信息作为支撑，以推动整个价值链的流畅运作并产生协同价值。信息治理的核心在于明确信息的来源、流向及其与目标之间的关联，确保信息在产生、传递、整合、利用等各个环节都能发挥最大的效用。在构建信息源和信息结构的过程中，人们必须深入理解信息源、接收地以及信息管理三者之间的均衡关系。这种均衡关系构成了信息治理的基本单元，每一个单元都承载着特定的信息需求和处理任务。例如，在金融机构为中小企业提供融资服务的场景中，确保客户企业物流信息的真实性和完整性至关重要。这涉及多个信息源，如物联网设备、海关、商检等，它们各自产生着不同类型、不同格式的信息。而作为信息接收方的金融机构，则需要的是能够反映货物价值完整性和保全性的信息。信息管理组织需要对这些零散、多样的信息进行整合、挖掘和传递，确保金融机构能够获取准确、完整的信息，从而作出正确的决策。如果这种三角关系失衡，如信息源提供的信息不准确、不及时，或者信息管理组织未能有效地整合和传递信息，就可能导致信息盲区和障碍的产生，进而影响整个供应链的正常运行。

第二，确保信息的可靠、安全和运用。在复杂多变的商业环境中，信息的可靠性、安全性和运用性对于企业的决策和运营至关重要。信息可靠是信息治理的基石。可靠的信息意味着它们是真实可信的，能够作为决策和行动的依据。以供应链服务集成商为例，当它们根据客户企业的财务报表决定是否提供某项服务时，这份报表的可靠性直接关系到决策的正确性。一旦信息失真，就可能引发严重的后果，甚至导致灾难性的损失。信息安全是信息治理的重要保障。信息安全要求信息在生成、传递和使用过程中，能够被合法的接收主体获取，同时防止信息的泄露或外溢，以及违反法律和隐私规定。随着信息技术的发展，网络安全威胁日益增多，保护信息安全成为企业的重要任务。信息运用是信息治理的最终目的。获取的信息如果不能得到有效运用，那么信息治理就失去了意义。信息运用要求企业能够利用获取的信息应对现有的挑战，解决目前所面临的问题，作出企业决策。通过深入挖掘和分析信息，企业可以发现潜在的商机，优化业务流程，提高运营效率，从而实现更大的商业价值。信息的以上三个特征的实现需要加强IT建设、完善信息形态、规范流程管理等。

第三，进行信息全生命周期管理。实现信息的全生命周期管理，关键在于处理好两个层面的关系。一个层面是网络合作成员之间的关系。各方通过分享、学习和沟通，共同致力于提升信息的质量、优化信息的处理流程，以及拓展信息的应用范围。这种合作模式不仅促进了信息的不断更新和完善，也为各方带来了实实在在的利益，形成了良性循环。另一个层面是网络合作成员与外部管理方之间的关系。任何业务信息都不可避免地受到经济、政策和制度等因素的影响。要实现信息的真正可持续，就需要与制度管理方形成信息互动。这种互动不仅包括信息的共享与交流，还包括在制度设计和政策制定过程中充分考虑信息的需求和反馈，确保信息能够在制度框架内得到有效的保护和利用。

第四，控制信息获取、处理的成本。信息治理的成功，往往在于在保障信息质量的同时有效控制信息获取和处理的成本。成本的控制往往与信息的价值、获取方式和处理效率紧密相连。一方面，信息的价值决定了企业愿意为其付出的成本。如果信息能够为企业带来显著的经济效益或竞争优势，那么即便获取成本较高，企业也会倾向于进行投资。另一方面，信息的获取方式和处理效率也直接影响成本的高低。传统的信息获取方式是人力收集或购买第三方数据，而这种方式往往成本高昂且效率低下。随着技术的发展，如大数据、人工智能等技术的应用，信息的获取和处理变得更加高效，成本也相应降低。

（二）实现交易信息化的基本要素

基于以上原理，要实现交易信息化，人们在进行互联网供应链金融风险管理时需要考虑以下三点。

1. 保障供应链业务的真实性

供应链业务的真实性关乎金融交易的可靠性和风险的可控性。实现这一目标的过程，实际上是对供应链中各个环节的深入观察和严格把控。

第一，核实交易凭证和单据，验证供应链业务的真实性。人们通过对这些文件的仔细查验，可以追溯供应链上的每一笔交易，确认采购、生产或销售订单是否真实存在，并验证其是否与企业的实际运营状态相符。例如，观察企业的开工率，可以了解其生产活动的活跃程度，从而判断其业务是否真实。

第二，核实运营活动的价值水平与预期是否一致。供应链中的每一项运营活动都应产生与其预期相符的价值。如果出现异常波动，如出货量或出货价值突然下降，这可能意味着供应链中存在潜在的风险或问题。因此，对运营活动价值水平的持续监控和核实，有助于人们及时发现并应对潜在的风险。

第三，利用大数据技术辅助判断供应链业务的真实性。通过对供应链参与企业的纳税等级、缴税情况、结汇状态以及常年用电用水程度等数据的分析，人们可以间接地了解企业的生产经营真实程度。这些数据不仅提供了丰富的信息源，而且能够揭示企业运营中的一些隐藏模式或趋势，有助于人们更全面地评估供应链业务的真实性。

2. 保障供应链物流能力和质量

物流能力涉及供应链运营的各个方面，如运输、仓储、配送等。一个强大的物流能力意味着能够快速、准确地完成物流任务，确保货物在供应链中的流通效率和稳定性。物流网络的布局和覆盖范围、运输工具的多样性和可靠性、仓储设施的容量和智能化程度等，都是衡量物流能力的重要指标。物流质量是确保供应链物流顺畅运行的关键。物流质量不仅包括货物的物理完好性，还包括物流服务的准确性和及时性。在供应链中，任何环节的物流质量问题都可能导致整个供应链的延误或中断。因此，确保物流质量需要加强对物流过程的监控和管理，及时发现和解决问题，确保货物能够按时、按量、按质地送达目的地。此外，单货相符也是确保供应链物流能力和质量的重要一环。在物流过程中，货物的数量、种类、质量等信息必须与订单和合同保持一致。这要求物流企业在接收、存储、运输、交付等环节进行严格的核对和确认，确保货物的准确性和完整性。总之，确保供应链物流能力和质量是互联网供应链金融风险管理中的重要一环。它要求物流企业在质量、数量、时间、地点、价格等方面都达到明确、清晰的标准，并加强对物流过程的监控和管理，确保货物能够安全、准确地送达目的地，为供应链金融的顺畅运行提供有力保障。

3.保障资金财务风险清晰可控

交易信息化管理一个很重要的方面是能清晰地了解供应链中资金流和财务的状态，否则该信息的缺失就会直接导致供应链金融风险。要做到这一点就需要把握以下信息。

（1）现金流和利率状态。现金流和利率状态是评估供应链中资金财务风险的两个核心要素。现金流是企业日常运营的"血脉"，它反映了企业在一定时期内通过经营、投资和筹资活动所产生的现金流入与流出的总和。现金流的健康状态直接影响企业的运营效率和偿付能力。一个拥有稳定、充足现金流的企业，能够更好地应对市场波动和突发事件，保持供应链的连续性和稳定性。相反，现金流紧张或不稳定的企业，往往面临更高的资金风险，可能导致供应链中断、金融违约等严重后果。利率反映了资金的使用成本，也是衡量企业融资能力和偿债压力的重要参数。在供应链金融中，特定企业所能承受的利率水平，往往与其现金流状况、信用评级以及市场环境等因素密切相关。如果一个企业提出可以承受较高的利率要求，这可能意味着其现金流状况不佳，或者存在其他严重的资金问题。因此，在互联网供应链金融的风险管理中，人们需要密切关注供应链企业现金流和利率状态的变化，通过实时监控和数据分析，及时发现现金流和利率的异常情况，并采取相应的风险防控措施。

（2）企业自身的财务管理体系。企业财务管理体系的核心目标在于确保业务活动按照既定规则和授权进行，保障交易的准确性、及时性和合规性。这要求企业明确管理职责，构建纵向与横向的监督关系，确保各部门、各岗位之间的职责分工明确、权力分割合理，形成相互制约的机制。同时，企业还需要建立交易授权制度，明确审批流程和权限，防止越权操作和违规行为的发生。企业还需要建立独立稽核机制，通过例行的复核和自动的查对确保财务数据的准确性和可靠性。同时，企业还需要制定和执行恰当的会计方法和程序，确保财务会计报告的编制符合有关财务会计制度和会计准则的要求。

　　（3）借贷状况。借贷状况是交易信息化管理不可或缺的一环。这涉及企业的信用评级、借贷的具体目的以及资金的使用状况等多个维度。企业的信用状况直接反映了其履约能力和还款意愿，是金融机构评估借贷风险的重要依据。了解借贷的目的有助于判断资金使用的合理性和必要性，确保资金投向符合供应链运营的实际需求。同时，对资金使用状况的监控能够确保资金的有效利用和回流，防止资金挪用或滥用的情况发生。因此，全面了解和掌握企业的借贷状况，可以更有效地控制供应链金融中的资金风险，保障供应链的稳健运行。

（三）交易信息化的意义

　　交易信息化的实现对于互联网供应链金融风险管理具有重要意义。首先，它有助于提升风险管理的效率和准确性。通过及时获取和分析交易信息，人们可以迅速识别潜在的风险点，并采取相应的措施进行防范和控制。其次，交易信息化有助于增强供应链的透明度和可追溯性。通过信息共享和流通，人们可以实现对供应链运营状态的实时监控和预警，降低信息不对称带来的风险。最后，交易信息化还有助于推动供应链的协同创新。通过对交易数据的挖掘和分析，人们可以发现供应链运营中的优化点和创新点，推动供应链向更高效、更智能的方向发展。

三、收入自偿化

　　收入自偿化原则强调的是，在供应链金融的各个环节中，所有的费用和潜在风险必须能够由供应链中产生的实际或预期收益来覆盖。其核心在于确保融资活动与供应链运营活动紧密相连，融资的资金能够直接用于支持供应链运营，并且产生的收益能够足额覆盖融资所产生的费用和潜在风险。这种紧密的联系使得供应链金融的融资活动更加透明、可预测和可控,从而降低了金融风险。

人们在实施收入自偿化原则时,需要考虑多个因素。第一,供应链运营中货物的变现能力。货物的变现能力越强,意味着在需要偿还融资时,可以通过销售货物获取足够的资金,从而确保融资的还款。因此,在选择供应链金融业务时,人们需要对货物的市场需求、价格波动等因素进行充分的评估和分析。第二,时间因素。在互联网供应链金融中,融资借贷的时间长短匹配问题尤为重要。如果借贷时间较长,可能会因为外部环境的变化或业务波动导致货物的变现能力下降,从而对收入自偿化产生挑战。因此,在供应链融资过程中,人们需要根据实际情况合理设置借贷期限,确保借贷时间与货物的变现周期相匹配。第三,空间因素。不同国家和地区的政治、经济等因素的差异可能会导致供应链收益的来源地存在风险。这种风险不仅会影响交易主体的信用和行为,还可能影响交易产品的价值变动和交易安全。因此,在选择供应链金融业务时,人们需要对不同地区的政治、经济等因素进行深入分析,确保供应链的稳定性和可持续性。

四、管理垂直化

管理垂直化原则是确保供应链金融活动高效、安全、有序运行的重要基石,其核心在于通过实施专业化管理,明确各方责任,优化业务流程,形成相互制衡的机制,从而有效降低金融风险。

管理垂直化原则强调对供应链活动的全面把控和深度参与。它要求企业在管理体系上实现"四个分离",其内容如下:第一,业务审批与业务操作的分离。业务审批主要是对业务计划、申请或提案进行评估和决策,确定其是否符合企业的战略目标、风险承受能力和法规要求。而业务操作则是根据已批准的决策或计划,进行具体的执行和操作。这种分离有助于确保业务操作的合法性和合规性,防止权力滥用或操作失误。同时,它还能提高业务决策的透明度和公正性,增强企业内部管理的公信力。第二,交易运作与物流监管的分离。交易运作主要涉及供应链中的订单处理、支付结算、合同履行等交易环节,而物流监管则关注商品在供应链中的运输、仓储、配送等物流活动。交易运作与物流监管分离,可以确保交易的独立性和公正性,防止物流环节中的不正当行为对交易结果产生负面影响。同时，这种分离还能促进物流活动的专业化和高效化，提高供应链的整体运营效率。第三，金融业务开拓与实施操作的分离。金融业务开拓主要涉及金融产品的设计、市场推广和客户关系维护等前端环节，而实施操作则涉及金融产品的实际交易、风险管理和资金清算等后端环节。金融业务开拓与实施操作分离，有助于确保金融业务的合规性和风险控制。第四，经营单位与企业总部审议的分离。经营单位通常是供应链中的具体执行者，负责具体的业务操作和日常管理。而企业总部则负责整个企业的战略规划、资源调配和风险管理等全局性任务。经营单位与企业总部审议分离，可以确保企业的战略决策得到有效执行。经营单位可以根据总部的战略指导进行具体的业务操作，而总部则可以通过审议和监管确保经营活动的合规性和风险控制。

从互联网供应链金融在我国的发展来看，除了上述"四个分离"，管理垂直化原则还需要考虑以下两点。

第一，组织结构和职能的完备与清晰。在互联网供应链金融的运营中，企业内部乃至企业之间必须建立合理、清晰的组织结构，并明确各部门的职能，以确保各项工作的有效衔接和协同。从职能设计上来看，一个完善的互联网供应链金融组织需要涵盖产品设计、供应链运营、营销、风控和信息化等多个部门。产品设计部门负责根据供应链的实际状况，设计出符合市场需求的金融服务产品；供应链运营部门则负责协调、组织和实施供应链经营活动，确保供应链的顺畅运转；营销部门则负责推广供应链服务和金融产品以及管理客户关系；风控部门则负责进行风险评估、监控和管理，确保金融活动的安全稳健；信息化部门则负责建立和维护大数据平台，整合和分析信息，提供决策支持。每个部门都要有明确的职责和权限，避免职能重叠和交叉，同时要建立有效的沟通和协作机制，确保各项工作能够无缝对接、高效协同。只有这样，才能确保互联网供应链金融活动的有序进行，降低运营风险，提高运营效率。

第二，战略和管理的稳定与协调。战略的稳定与协调对于互联网供应链金融的成功至关重要。在业务开展的初期阶段，为了形成品牌效应，建立良好的合作机制并获得金融机构的信任与支持，互联网供应链金融服务提供者往往会聚焦于其熟知的业务领域，并对合作企业的资格进行严格审核，确保风险控制措施的完善。此时，金融业务与产业活动结合紧密，形成了稳定的战略基础。

然而，一旦取得初步成功并在行业或市场中建立起声誉和地位，互联网供应链金融服务提供者可能会面临资金大量涌入或投资者参与的诱惑。此时，如果盲目扩大经营领域，进入之前不熟悉的行业领域，或者为了扩大规模、占领市场而盲目扩大客户资源，放松资格审查与准入条件，那么可能会导致管理体系和管理流程的断裂，进而产生巨大的供应链金融风险。为了避免这种情况的发生，互联网供应链金融服务提供者需要保持战略的稳定与协调。具体而言，其应当明确自身的核心业务领域和战略目标，不盲目扩张，确保管理体系和业务逻辑能够适应当前的产品市场；同时应坚持立足产业、服务供应链企业的原则，不偏离初衷，避免向纯粹的资本运作靠拢。在战略的稳定与协调基础上，管理流程和制度的稳定性与协调性同样重要。互联网供应链金融服务提供者需要建立完善的内部管理制度和风险控制机制，确保各项业务流程的规范性和合法性，同时应加强内部沟通和协作，确保各部门之间职能明确、相互制衡，形成有效的协同作战能力。

五、风险结构化

风险结构化指的是在开展互联网供应链金融业务过程中，企业通过合理设计业务结构，并运用多种手段化解潜在的风险和不确定性。

第一，针对互联网供应链金融不同类型的风险采取差异化的防控手段。互联网供应链金融的风险来源复杂多样，如信用风险、市场风险、操作风险、技术风险等。这些风险类型各自具有独特的特点和表现形式，因此，在风险结构化过程中，企业需要有针对性地制定风险防控措施。针对信用风险，企业应建立完善的信用评估体系，对供应链中的各个环节进行严格的信用评级和监控。同时，企业可以引入第三方信用担保机构，为供应链金融提供信用增信服务，降低信用风险。针对市场风险，企业需要对市场进行深入研究和分析，制定合理的定价策略和销售计划。同时，企业可以建立灵活的风险对冲机制，如利用期货、期权等金融工具对冲市场价格波动风险。此外，企业还需要密切关注政策动态，及时调整业务策略以应对政策变化带来的风险。针对操作风险，企业需要加强内部控制和员工培训，通过制定详细的操作流程和风险管理制度，确保员工能够按照规定的程序和标准进行操作。同时，提高员工的业务素质和风险意识，也能降低因操作失误导致的风险。针对技术风险，企业需要加强信息安全管理，确保系统的稳定性和安全性。同时，引入先进的技术手段，如区块链、人工智能等，提高数据处理和分析能力，也能降低技术风险对业务的影响。此外，不同的风险防控手段之间可能存在相互关联和相互影响的关系。因此，在制定风险防控策略时，企业需要综合考虑各种手段之间的协同效应和互补效应，形成综合性的风险防控体系。

第二，并非所有风险防控手段都具有相同的效果和优先级。即使同一种风险防控手段，在不同的情境下也可能产生不同的效果。这取决于多种因素，如市场环境、企业规模、行业特点等。例如，对于一家规模较小的企业来说，引入第三方担保机构可能是一种有效的风险防控手段，但对于一家大型企业而言，其可能更依赖自身的风险管理体系和内部控制机制来降低风险。风险防控手段的优先级也是值得关注的问题。在某些情况下，一些看似普通的手段可能具有更高的优先级。例如，在供应链金融中，确保信息的准确性和透明度往往被视为一项基础性的风险防控措施。这是因为信息的准确性和透明度直接影响供应链金融的各个环节，包括融资决策、风险管理、资金监控等。如果信息不准确或透明度不足，将可能导致严重的风险事件。因此，在互联网供应链金融的风险管理中，企业需要充分认识不同风险防控手段的优先级和效果差异。在构建风险管理策略时，企业应根据风险的性质和特点，选择具有针对性的风险防控手段，并合理确定其优先级。

六、声誉资产化

声誉不仅仅是公众对企业在其行业中地位的认知，还关系企业的战略姿态、遵循社会规范的行为以及市场与会计信息的透明度。在互联网供应链金融的环境下，由于信息的高度透明与流动性，企业的每一步行动都可能被迅速地放大并影响其声誉。企业通过持续的质量保证、优秀的客户服务和社会责任感的表现，能够在利益相关者中建立起良好的声誉。这种积极的声誉可以转化为更多的商业机会和更低的融资成本，因为投资者和贷款机构通常更愿意与声誉良好的企业合作。然而，声誉一旦受损，其恢复过程是漫长且艰难的。在互联网时代，负面信息可以迅速传播，一旦企业行为不端或出现管理失误，就可能遭受重大的声誉损失，从而产生巨大的危害。

声誉资产化评估要对融资企业的基本素质、偿债能力、营运能力、盈利能力、创新能力、成长潜力、信用记录等进行综合考察评价,以全面评估其声誉,降低互联网供应链金融风险。

企业基本素质是指企业在业务运营、管理和道德规范等方面的基础表现。在互联网供应链金融中,企业的基本素质直接影响企业的信誉和市场信任度。具有良好基本素质的企业通常具有清晰的业务模式、高效的管理团队以及遵守法律法规的良好记录。这些因素共同构成企业稳定运营的基础,为供应链中的其他企业和金融机构提供了必要的信心,以便进行合作和信贷支持。此外,企业的社会责任感也是基本素质的一部分,这包括对环境保护、社会公益和透明度的承诺,这些都是现代企业在全球市场中不可或缺的基本素质。

偿债能力是衡量企业财务健康的重要指标,直接关系企业能否按时还本付息,维护其信誉和市场地位。在互联网供应链金融中,偿债能力必须受到重视,因为供应链的每一个环节都可能依赖前一个环节的财务稳定性。偿债能力强的企业能更容易地获取低成本的融资,并在市场中获得更好的信贷条件。偿债能力通常通过财务比率,如流动比率、速动比率以及债务与资本比率等进行评估,这些比率能够有效反映企业短期及长期的债务承担能力。

营运能力反映了企业通过其业务活动产生收益的效率和效果。在互联网供应链金融中,企业的营运能力不仅关乎自身的经济效益,还直接影响整个供应链的效率和响应速度。优秀的营运能力表现在库存周转快、生产效率高、供应链响应迅速等方面。通过优化产品的生产流程、采购逻辑和物流配送,企业能够降低成本,提高服务水平,从而增强自身在竞争中的优势。同时,强大的营运能力也能为企业带来稳定的现金流,进一步增强其偿债能力和市场地位。

盈利能力是企业持续发展和扩张的关键,它直接影响企业的投资吸引力和市场竞争力。在互联网供应链金融中,盈利能力不仅确保企业能够持续投入资源以维持和提升其产品和服务的质量,还能保证企业在面临市场波动时的财务安全。盈利能力通常通过净利润率、总资产回报率和股东权益回报率等指标评估。这些指标能够帮助投资者和贷款机构了解企业的财务状况,评估其生成收益的能力。

创新能力是企业适应市场变化和持续竞争的关键,尤其在快速变化的互联网供应链金融领域中更是如此。一个企业的创新能力不仅体现在新产品和新服务的开发上,还包括改进业务流程和增强客户体验的能力。创新可以帮助企业开辟新的市场领域、提高效率、降低成本，并通过这些优势增强其在供应链中的地位。在互联网供应链金融中，创新还意味着利用先进的技术，如大数据、人工智能和区块链来提高财务透明度、降低交易成本和增强系统的安全性。企业的创新能力通过其研发投入、专利申请数量、新产品推出速度及市场接受度等方面得以体现，这些都是衡量其在激烈的市场竞争中生存和发展能力的重要指标。

成长潜力是企业未来扩展和增值的能力。在互联网供应链金融中，企业的成长潜力不仅关乎其自身的扩展计划，还涉及其在供应链系统中的角色能否随着市场需求的变化而适应和增强。成长潜力的评估通常依赖对企业历史增长数据的分析、市场趋势的研究以及企业未来战略规划的可行性。具备高成长潜力的企业通常具有强大的市场拓展能力、持续的产品或服务创新能力以及有效的资源配置策略。这些因素共同作用，使得企业能够在竞争激烈的市场环境中抓住机遇，实现快速成长，从而在融资时获得更有利的条件。

信用记录是企业过去信用行为的历史记录，是金融机构和投资者评估企业声誉和信用风险的重要依据。在互联网供应链金融中，良好的信用记录不仅可以降低融资成本，还能在市场中建立信任，吸引更多的合作伙伴和客户。信用记录包括企业的还款历史、债务履约情况、信用评级以及任何信用违约的记录。这些信息通常由信用评估机构提供，帮助市场参与者了解企业的信用状态和财务健康度。维护良好的信用记录需要企业持续的财务透明、稳健的财务管理和对债务义务的严格履行。

第三节 互联网供应链金融风险管理的流程

互联网供应链金融风险管理通常遵循一套既定的流程。首先进行风险识别。这是为后续风险精确评估和控制所做的必要准备。其次进行风险评估与度量。企业通过对风险大小进行估计，以量化出风险的程度，使风险更具体、可衡量。最后进行风险控制。企业采取有效措施以降低或消除风险所带来的潜在危害。风险管理并非一次性行为，而是一个持续循环的过程。在风险控制阶段所获得的信息会反馈至风险识别阶段，这有助于及时识别新情况并进行重新评估，从而不断改进和优化整个风险管理流程。互联网供应链金融风险管理的流程如图 5-3 所示。

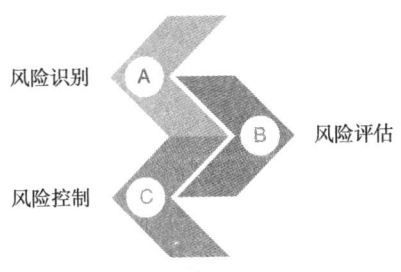

图 5-3 互联网供应链金融风险管理的流程

一、互联网供应链金融风险的识别

风险识别是互联网供应链金融风险评估与控制的前提。在进行金融风险管理时，首要任务便是精准地识别风险。风险识别是指对影响各类目标实现的潜在事项或因素予以全面识别，进行系统分类并查找出风险原因的过程。其目的在于帮助互联网供应链金融参与主体了解自身面临的风险及风险的严重程度。[1]

（一）互联网供应链金融风险识别的内容

互联网供应链金融风险识别主要包含以下内容。

1. 识别互联网供应链金融风险源

金融机构和企业应准确地找出其在供应链中各种交易或非交易部位的潜在风险，包括市场、操作以及法律等方面的风险源。在互联网环境下，由于交易速度快和覆盖范围广，信息安全和数据保护也成为重要的风险。具体来说，识别风险源涉及分析供应链中的各个环节，如贷款机构如何评估借款企业的信用状况，供应商和买家之间的交易如何进行，以及支付系统的安全性如何。此外，宏观经济波动、政策变动、自然灾害等这些外部因素都可能导致供应链中断或资金流动受阻，进而暴露企业于风险之中。

2. 分析互联网供应链金融风险因子

分析风险因子是对已识别的风险源进行更深入的剖析，目的是将复杂的风险环境解构为更易于管理和应对的单一或几种风险因子。在互联网供应链金融

---

[1] 温红梅，姚凤阁，林岩松. 金融风险管理 [M]. 大连：东北财经大学出版社，2015：13.

中，这一步骤尤为重要，因为互联网供应链的复杂性和动态性要求风险管理必须高度精细化和具有适应性。例如，操作风险包括系统故障、人为错误、欺诈行为等。通过对这些风险因子的归并和分解，金融机构可以更准确地评估每种风险的可能性和潜在影响，从而制定更有效的监控和应对措施。此外，将具有相似风险特征的风险因子进行归并，可以帮助机构在资源有限的情况下，优先处理那些影响更大或发生概率更高的风险。

3.分析互联网供应链金融风险效应

分析风险效应是指评估已识别和分析的风险因子对企业或供应链金融体系可能产生的正面或负面影响。在互联网供应链金融中，风险效应的分析不仅关注可能导致的直接财务损失，还包括对企业声誉、市场地位和运营效率的影响。正面影响包括通过有效的风险管理获得的市场信任增强、客户满意度提升以及由于风险识别导致的成本节约等。而负面影响则包括资金流断裂、法律诉讼、业务中断等直接经济损失以及客户流失、声誉损害等间接后果。通过全面分析这些风险效应，企业和金融机构能够更好地准备应对措施，不仅限于防范或减轻损失，还包括利用风险管理过程中可能出现的机遇来优化业务策略和提升整体竞争力。

（二）互联网供应链金融风险识别的方法

1.现场调查法

现场调查法是指对互联网供应链金融参与主体进行实地访问，通过直接观察和详细的信息搜集来识别潜在的风险。

在进行现场调查时，调查者会对企业的运营地点进行实地访问，观察生产设施、仓库和办公环境等。这种直接的观察可以揭示实际的运营情况，如生产效率、库存管理、员工行为以及安全措施的执行情况等，这些都是评估企业运营风险的关键要素。此外，现场调查还能帮助评估员工的专业能力和企业的组织文化，这些因素虽不易通过数字数据直接观察到，却对企业的长期稳定和风险管理能力有着深远的影响。现场调查不仅限于直接观察，还包括与企业管理层、员工以及供应链其他关键参与者的交流。通过这些交流，调查者可以获得第一手的信息，如企业的业务战略、市场定位、风险管理策略及其在供应链中的角色和影响力。这些信息对于全面了解企业的运营模式和潜在风险至关重要。

在互联网供应链金融中，现场调查也可以帮助识别技术和网络安全风险。

例如，调查者可以实地检查企业的 IT 基础设施，了解其数据保护措施、网络安全政策和技术支持的质量。在当前信息化时代，这些因素对于防范网络攻击和数据泄露的风险同样重要。此外，通过访问不同地理位置的运营单位，调查者可以更好地理解地域文化和法律环境对企业运营的影响，这些都是远程分析难以深入的领域。

2. 问卷调查法

问卷调查法是互联网供应链金融风险识别的一种常用方法，人们通过设计和分发问卷来收集相关数据，从而对风险因素进行分析和评估。这种方法的优势在于能够迅速而广泛地从多个层面和角度收集信息，特别适用于那些需要评估大规模参与者观点的情形。通过问卷调查，金融机构可以获得关于企业内部风险管理实践、市场风险感知以及供应链中其他企业的风险态度和经验的系统性信息。此外，通过在线平台进行的问卷调查可以大幅降低成本和时间，使得调查可以覆盖更广泛的地理区域和更多的参与者。

3. 流程图法

流程图法是指通过绘制流程图使供应链的各个环节可视化，以便于识别和分析其中潜藏的风险。这种方法侧重于通过图形化的方式展示信息流、物流和资金流的传递路径，使得金融机构和企业能够直观地观察整个供应链的结构和运作方式，进而识别可能的薄弱环节和风险点。

使用流程图法时，管理者通常需要收集供应链中各个业务环节的详尽信息，包括采购、生产、仓储、物流、销售及金融服务等。随后，这些信息被用来构建流程图，清晰地标出每一个步骤的先后关系和相互依赖性。在这个过程中，那些与外部环境有直接交互的节点，如原材料的采购、产品的销售以及资金的流入流出点应特别关注，因为这些点往往是风险较高的环节。通过流程图，管理者可以更容易地识别出那些因流程设计不合理或过于依赖特定环节而产生的风险。例如，如果一个关键的原材料供应商位置在图中显得尤为突出，那么供应中断的风险就会被放大。同样，资金流中的任何延迟或不确定性也可以在流程图中迅速识别出来，如某一特定的支付节点经常出现资金拥堵。此外，流程图还能帮助企业发现内部控制的缺失或不足，这些内部控制通常是管理操作风险的关键。比如，在流程图中，如果某些关键的审批或检查步骤被省略，那么相关的操作风险就可能被忽视，从而导致潜在的财务损失或法律问题。通过定期更新流程图并重新评估其中的风险点，金融机构和企业能够持续改进其风险管理框架，适应环境变化和业务发展的需要。

4.专家调查法

专家调查法主要是利用专家的集体智慧识别互联网供应链金融风险的方法，主要包括德尔菲法和头脑风暴法两种。

德尔菲法通常用于收集来自各领域专家的意见，以形成关于特定问题的广泛共识。这一方法的过程通常包括几轮匿名调查，每一轮调查之后，汇总专家的回答并反馈给他们，以便专家在了解其他专家观点的基础上再次评估自己的判断。这种迭代的过程有助于逐渐缩小意见差异，最终达成较高程度的共识。德尔菲法的优势在于它可以避免面对面会议中可能出现的领导影响或群体思维压力，使得每个专家的独立思考得以保留和尊重。头脑风暴法鼓励参与者自由地表达想法，目的是在短时间内激发和收集尽可能多的创意和解决方案。在应用头脑风暴法时，一组专家聚集在一起，围绕特定的风险问题进行开放和无拘束的讨论。这种方法特别适合于识别新兴风险或非传统风险，因为它可以帮助团队打破常规思维，探索可能被忽视的风险因素。头脑风暴法的成功很大程度上依赖参与者之间的互动和动态讨论，这有助于激发创新思维和促进信息的自由交流。

专家调查法的有效性在很大程度上取决于专家选择的广度和深度。在互联网供应链金融领域，管理者需要从金融、供应链管理、信息技术和法律等多个相关领域挑选专家。选择具有多样背景的专家有助于确保风险识别过程从多角度覆盖潜在的风险点。此外，管理者在专家选择过程中需要特别注意避免利益冲突，确保专家的判断尽可能客观。

（三）基于业务模式的互联网供应链金融风险识别

1.预付账款模式风险识别

在这种模式下，风险的产生通常在授信、融资、还款三个阶段。

在授信阶段，信用风险是主要的风险类型。融资企业通过提交虚假的财务资料、篡改数据等手段误导金融服务机构，以获得更高的授信额度。这种风险可能导致金融机构基于错误的信息作出贷款决策，进而面临较高的贷款违约风险。为了有效识别并控制这一阶段的风险，金融服务机构需要加强对融资企业的背景调查，包括但不限于财务审计、历史信用记录的检查以及实际控制人和主要经营地的实地访问。

在融资阶段，涉及的风险主要为操作风险和信用风险。该阶段会因为人为操作失误或系统故障导致预付账款单据发生错误，或者由于审批流程的不规范和业务人员的不当行为（如与融资企业勾结）而放大贷款风险。这要求金融机构必须建立健全的内部控制系统和审批流程，通过技术手段，如自动化审批和数据交叉验证来减少人为操作的错误和主观性，同时加强员工的合规培训和监督。

在还款阶段，主要的风险依旧是信用风险。融资企业可能因为将贷款用途转移至非营业用途，如个人消费或其他非核心业务投资，而导致资金链断裂，无法按期还款。此外，企业可能因为信用状况恶化选择恶意违约。针对这一风险，金融机构需要加强贷后管理，包括定期的财务状况复查、贷款用途的跟踪审计以及预警机制的建立，以监测和预防可能导致违约的行为。

2.存货质押模式风险识别

在这种模式下，风险的产生通常在授信和存货质押两个阶段。

在授信阶段，信用风险是最为突出的风险。该阶段的风险与预付账款模式相同，不再赘述。

在存货质押阶段，主要的风险包括信用风险、操作风险和市场风险。在此阶段，可能由于融资企业虚报存货量或者勾结物流企业挪用质押存货而导致信用风险，或者由于平台工作人员操作定价失误导致放款金额比质押物价值虚高，同时可能会由于该质押商品贬值从而导致市场风险，导致质押物价值下降。

3.应收账款模式风险识别

应收账款模式风险识别主要关注以下三种风险。

第一，客户信用状况引起的风险。在应收账款融资中，核心企业的信用状况对于融资的安全性具有决定性影响。核心企业的还款能力直接关系应收账款的回收可能性。如果核心企业面临财务困境或信用状况不佳，就可能无法按时履行还款义务，从而增加了银行和融资方的信用风险。

第二，企业自身管理引起的风险。企业的经营管理环境的优劣，如收款制度是否规范，责任是否明确，收款岗位人员的数量和素质等均对应收账款是否可以按期收回有所影响。

第三，应收账款本身质量引起的风险。高质量的应收账款通常具有良好的周转效率和较低的坏账率，这反映了企业的账款回收能力和客户的支付意愿。应收账款的周转速度慢或保值性差将直接影响企业的资金流转效率和融资安全。因此，银行和融资机构在评估应收账款时，需要考虑其周转周期、历史偿付记录以及与之相关的市场条件，从而评估可能面临的流动性风险和市场风险。

二、互联网供应链金融风险的评估

互联网供应链金融风险的评估是指对风险存在或发生的可能性及其所致损失的范围、程度进行估计和衡量。凭借传统信贷业务多年的数据积累，各银行已建立了完整的数据库，并开发出成熟的量化分析模型。相比之下，互联网供应链金融作为一种相对较新的金融服务领域，尚未积累充足的数据，特别是由于其客户群体包括众多中小企业，目前尚不具备进行量化模型评估的基础。因此，银行在开展供应链金融业务的风险评估过程中，需要注重数据积累并逐步发展风险量化和模型构建的能力。

（一）互联网供应链金融风险评估的方法

当前互联网供应链金融风险评估方法可划分为定性分析法、定量分析法和综合分析法。

1. 定性分析法

定性分析法主要是对风险的描述性评价，主要有风险图方法和风险度方法两种。

（1）风险图方法。风险图方法通过构建直角坐标系来分析和显示风险的可能性和严重性。在这种方法中，一个轴通常表示风险发生的概率（可能性），而另一个轴表示如果风险发生可能导致的损失或影响的严重程度（严重性）。这种图形化的表示方法使得风险管理者可以直观地看到哪些风险是需要优先管理的，即那些既有可能发生又有可能导致严重后果的风险。在应用风险图方法时，管理者首先需要收集和分析相关数据，包括历史事故、操作失误、市场波动等因素的数据，然后根据这些数据评估各种风险的发生概率及其潜在影响，再将这些风险点放置在风险图上，通过图形的位置判断其相对紧迫性和重要性。风险图方法不仅有助于识别风险，也是沟通和决策过程中非常有用的工具，它可以帮助团队成员理解风险的优先级，从而制定有效的风险缓解策略。

（2）风险度方法。风险度方法是通过对金融风险评分来进行风险评估的一种方法。这种方法的核心在于将风险的影响和发生频率转化为具体的数值，以便进行比较和分析。通常，风险度评分会根据预先设定的标准进行，这些标准包括风险的财务影响、对运营的影响、对声誉的影响等。在进行风险度评估时，相关的风险管理团队需要对每一个潜在的风险进行详细的分析，评估其可能导致的具体损失及这种损失发生的频率或可能性。然后，根据这些评估结果，给予每个风险一个分数。这个分数越高，表示该风险的严重程度越大，需要更多的关注和资源进行管理。风险度方法使得金融机构能够量化风险并设置优先级，这对于在资源有限的情况下如何合理分配资源进行风险管理具有重要意义。

2.定量分析法

定量分析法是通过具体的数学和统计方法来评估风险的大小、概率以及潜在影响的方法。这种方法通常依赖大量的历史数据和复杂的数学模型，以帮助金融机构更准确地量化和管理风险。下面介绍两种典型的定量分析法。

（1）风险值方法。风险值（VaR）用于量化在一定的置信水平和特定时间期限内潜在的最大损失。这种方法尤其适用于金融市场中的风险管理，但也被应用于互联网供应链金融中，尤其是在评估市场风险和信用风险时。实施 VaR 模型时，首先需要确定置信水平（通常为 95% 或 99%）和时间框架（如一天、一周或一月）。接着，通过分析历史数据估算不同种类资产的价格变动或损失的概率分布。VaR 模型可以采用多种技术来计算，包括历史模拟法、方差－协方差法和蒙特卡罗模拟法。历史模拟法直接使用历史价格变动来估算未来的风险；方差－协方差法基于资产收益率的标准差和相关系数来计算；而蒙特卡罗模拟法则通过模拟大量可能的价格路径来确定风险值。VaR 方法能为互联网供应链金融提供一个明确的风险评估框架，帮助管理者理解在极端市场情况下可能遭遇的最大损失。这有助于企业设定风险阈值，优化风险承受能力，制定应对策略。然而，VaR 方法也有局限性，如它无法完全预测到尾部风险，即那些发生概率极低但影响极大的事件。

（2）信用评分模型。信用评分模型是在供应链金融中用来评估借款人或交易对手的信用风险的一种工具。在互联网供应链金融中，这种模型特别关键，因为它能帮助金融机构预测贷款违约的可能性，并据此决定是否批准贷款及设定相应的利率和信用限额。

信用评分模型通常结合统计技术和机器学习方法分析客户的历史交易数据、财务状况、行业背景以及其他相关因素。模型采用逻辑回归、决策树、随机森林和神经网络等方法来预测客户的信用行为。通过这些复杂的算法，模型可以从大量数据中提取有用的信息，从而精准地评估客户的信用等级。利用信用评分模型，银行和其他金融机构能够更有效地管理信用风险，减少违约发生的概率。这种模型还可以动态调整，以适应市场变化和新客户信息的影响，确保评估结果的时效性和准确性。此外，信用评分模型还能提高贷款审批的效率，降低处理成本，提升客户满意度。

3. 综合分析法

（1）层次分析法。层次分析法（analytic hierarchy process, AHP）是由美国运筹学家托马斯·萨亚提（Thomas L. Saaty）在20世纪70年代初期开发的一种有效的决策支持工具，用于解决复杂的决策问题。这种方法通过将复杂的决策问题分解成更小的部分，将定性和定量分析相结合，帮助决策者评估各种复杂问题中的相对重要性，特别适用于多标准的决策分析。层次分析法的基本步骤如下。

①建立层次结构模型。将决策问题分解成不同的层次，包括最顶层的目标层、中间层的准则层和最底层的方案层。在互联网供应链金融风险评估中，顶层目标是使整体风险最小化，准则层可以包括信用风险、市场风险、操作风险等，而方案层则是具体的风险管理措施。

②构建判断矩阵。对于准则层中的每一个准则，利用成对比较的方法评估它们相对于上一层目标的重要性。这通常通过问卷或专家访谈的形式完成。比如，信用风险与市场风险相比较，确定它们对决策目标的相对重要性。这些比较后生成的判断矩阵必须具有一致性。

③层次单排序和一致性检验。每个判断矩阵将用来计算相对权重，并检验这些权重的一致性。如果判断矩阵的一致性比率（consistent ratio, CR）接受，权重被认为是一致的。CR通常要低于0.1才被认为具有良好的一致性。

④层次总排序和综合权重。将所有准则层的权重与它们下属方案层的权重相结合，形成总体的权重评分。这将帮助决策者了解在考虑所有准则后哪些方

案最能满足顶层的决策目标。

在互联网供应链金融中,层次分析法可以用来评估不同风险管理策略的有效性。例如,决策者可以评估哪种策略在控制信用风险、市场风险或操作风险方面最有效,从而制定更加科学和系统的风险管理框架。

(2)模糊综合评价法。模糊综合评价法是一种应用模糊数学原理来处理具有不确定性和模糊性问题的综合评价方法。在互联网供应链金融风险评估中,由于风险因素往往具有复杂性和不确定性,传统的精确计算方法难以准确描述和评价这些风险。模糊综合评价法通过将定性评价量化,使得风险评估既考虑了各种因素的影响,又体现出不同风险因素的模糊性,从而为决策提供更科学、合理的依据。模糊综合评价法的基本步骤如下。

①确定评价因素集合。在互联网供应链金融中可能影响风险的各种因素包括信用风险、市场风险、操作风险、法律风险等。这些因素构成了评价的指标体系。

②建立模糊关系矩阵。对于每一个风险因素,根据专家的经验和实际调查数据,通过模糊化处理给出其对应的模糊关系矩阵。模糊关系矩阵是一个将因素影响力表示为模糊集合的矩阵,它描述了每一个因素在不同评价等级下的隶属度。这里的隶属度表明了某一风险因素属于某一风险等级的程度。

③确定权重向量。权重向量是对评价因素重要性的量化表达,反映了各因素在整体评价中的影响力。权重通常通过专家打分、层次分析法或其他统计方法得到。每个风险因素的权重表示其在总体风险评估中的重要程度。

④进行模糊综合评价。将权重向量与模糊关系矩阵进行模糊合成运算,得到一个综合的模糊评价向量。这个向量表明了整个供应链金融系统在不同风险等级上的隶属程度,通过去模糊化处理可以得到最终的风险评价结果。

在互联网供应链金融中,模糊综合评价法可以有效地处理和评估多种不确定和模糊的风险因素。例如,在评估供应链金融的信用风险时,管理者可以考虑债务人的信用历史、偿债能力、市场变化等因素的综合影响。模糊综合评价不仅可以量化这些看似模糊的质性因素,还可以综合考虑各因素之间的相互作用,提供更全面、动态的风险评估结果。

（二）互联网供应链金融风险评估体系的建立

1. 互联网供应链金融风险评估指标的选取

互联网供应链金融业务涉及金融服务供应商、消费者、商业银行等多方参与者，这些关系和业务的复杂性导致不同参与者之间存在交叉影响。因此，在评估风险时，结果会因参与主体和业务环节的不同而有所差异。管理者在考虑某一主体的风险时，不仅需要关注其当前状态，还需预见其未来可能的发展方向。这要求在建立风险评估指标体系时，必须明确各个主体之间的相互关系，识别关键影响因素，并整理归纳相关指标。在构建这样的指标体系时，管理者应该坚持一些基本原则。对于互联网供应链金融来说，建立风险评估指标体系应遵循的原则包括以下几点。

（1）科学性原则。在风险评估的研究和实践中，科学性确保了理论研究与实际应用之间的一致性，提高了风险控制方法的效果和可操作性。为了达到这一目标，管理者在选取风险评估指标时，必须通过科学的方法来分类、综合和整理这些指标。科学性的体现是多方面的。首先，选取的指标应基于充分的数据分析和专业知识。例如，在评估信用风险时，管理者应使用历史违约数据、债务人的信用记录等客观数据。其次，评估方法应采用经验证的统计方法或模型来确保分析结果的准确性和可靠性，如使用逻辑回归模型来预测违约概率，或者应用机器学习技术来识别风险模式。此外，科学性还要求评估过程具备可重复性和透明性，确保当相同的方法应用于相似数据集时，可以得到一致的结果。这不仅增强了评估工作的信誉，也使得风险管理措施更加客观、公正。因此，建立一个科学的风险评估指标体系是提高互联网金融风险管理有效性的关键。

（2）针对性原则。互联网供应链金融涉及多方主体，每个主体关注的风险重点不同，因此在进行风险评估时，评估指标必须具有高度的针对性。针对性原则要求评估指标能够精确反映不同主体和业务环节所面临的特定风险。例如，贷款机构可能更关注借款人的信用风险和市场的流动性风险；而投资者可能更加关注市场风险和操作风险。因此，在构建风险评估指标时，管理者不仅要充分理解各方的业务特点和需求，还要根据这些需求来选择风险评估的框架和工具。

（3）全面性原则。互联网供应链金融是一个复杂的系统，包含了众多的参与者和交互环节。风险评估指标的选取必须全面，覆盖所有潜在的风险源和影响因素，确保没有重要的风险被忽略。全面性原则要求从宏观到微观，系统地分析和评估所有可能的风险因素。在实际操作中，这意味着要综合考虑外部环境因素（如经济、政治、社会变动）、行业特性、技术发展以及企业内部的运营管理等多个维度。例如，除了传统的财务和信用风险外，管理者还应关注技术风险（如数据安全和隐私保护）、合规风险等。

（4）独立性原则。在互联网供应链金融系统中，由于系统的复杂性，选取的风险评估指标往往容易存在高度相关性。这种相关性可能导致评价体系中出现数据冗余，进而影响模型的计算效率和预测的准确性。因此，确保指标的独立性至关重要。独立性原则要求在选取风险评估指标时，管理者应尽可能选择彼此之间相关性低的指标。例如，在评估信用风险时，如果已经选取了债务比率作为一个指标，那么再选择资本结构或负债水平可能会造成不必要的重复，因为这些指标彼此高度相关。因此，管理者应通过因子分析、主成分分析等统计方法来检测并处理这些指标之间的相关性，以提高模型的统计效能和解释力。确保指标独立性的另一个方法是采用科学的数据处理技术，如正交化处理，这可以减少变量间的多重共线性问题。通过这种方式，每个指标都能独立地反映风险的某一方面，减少重复信息，从而增强整个风险评估体系的效率和有效性。

（5）定量和定性相结合原则。互联网供应链金融风险评估既有主观因素，又有客观因素，相互交杂。管理者只有通过现代化的建模理论，采用统计、调查、分析等方法，综合主客观因素进行指标选择，才能保证评价结果的客观与真实。

（6）动态性原则。互联网供应链金融环境快速变化，因此风险评估指标体系也需要具备一定的灵活性和动态调整能力。动态性原则要求评估指标能够及时响应外部环境变化、内部策略调整以及市场和技术的发展。风险评估指标应定期进行审核和更新，以确保其反映最新的风险状况和业务需求。这种更新可能涉及引入新的指标、调整现有指标的权重或删除不再相关的指标。例如，随着互联网金融法律法规的更新或新技术的应用，某些原有的风险可能降低，而新的风险可能出现，相应的风险指标也需要调整以适应这些变化。

2.互联网供应链金融风险评估指标体系的建立

表5-2是基于存货质押融资模式的供应链金融风险评估指标体系。

表5-2　基于存货质押融资模式的供应链金融风险评估指标体系

一级指标	二级指标
交易合同信息	交易商品信息
	交易对手信息
	交易保证条件
物流信息	发货信息
	收货信息
	仓储库存信息
资金流信息	资金需求信息
	资金支付方式
	资金流向信息
质押物信息	质押物数量
	质押物价格波动情况
	质押物监管信息
市场信息	商品供需
	生产成本
	行业状况

三、互联网供应链金融风险的控制

风险控制是互联网供应链金融主要参与者在面对潜在或已发生的风险时，采取措施将这些风险限制在可接受的范围内的过程。风险控制措施主要包括风险回避、风险转移、风险自留和损失控制等。

（一）风险回避

风险回避是投资主体有意识地决定放弃某些风险行为，从而完全避免相关的损失。比如，一个待融资企业有多次不良信用记录，银行或其他金融机构可能会选择不批准其贷款申请,从而避免可能的损失。虽然这是一种较为消极的风险处理方法,因为在避开风险的同时,投资主体也可能放弃了潜在的收益,但在特定情况下,这种方法是合适的。风险回避一般在以下情况被采用。

(1)投资主体对风险具有极端的厌恶感。

(2)存在其他同类且风险较低的可替代方案。

(3)投资主体无法消除或转移该风险。

(4)投资主体无法承担该风险,或者承担该风险所带来的潜在损失远大于可能的收益。

风险回避手段主要有以下两种。

第一,拒绝承担风险。拒绝承担风险旨在通过不参与可能引发高风险的活动来避免潜在的损失。这种方法可能伴随一些机会成本,即放弃可能带来收益的机会,但这种牺牲通常远小于风险真正发生时可能带来的损失。在互联网供应链金融中,银行或其他金融机构可能会拒绝对信用评级较低或历史上有不良信用记录的企业进行授信。例如,某些银行规定,对于信用评级在 BBB 以下的企业,不予批准其授信申请。此外,即便是信用等级较高的企业,银行也可对其贷款的用途设定严格的限制,以控制可能的风险。这种策略要求银行在制定风险管理政策时必须明确其风险承受能力,并制定清晰的风险回避指南。这种手段的有效实施需要银行或其他金融机构进行全面的风险评估,识别哪些业务或客户群体可能带来不可接受的风险水平。此外,它们应持续监控市场和客户的变化,确保风险回避策略的及时更新和适应性。

第二,放弃已承担的风险。放弃已经承担的风险是在风险显现后,为了避免进一步的损失而采取的紧急措施。在实际操作中,这通常涉及削减或完全退出风险高的投资项目或业务领域。例如,如果一个投资项目因市场状况变化或内部问题表现不佳,继续投入资源将导致更大的损失,投资主体会选择退出该项目。在互联网供应链金融中,这种情况可以体现在金融机构调整其投资组合,或者在项目实施过程中,发现某些供应链环节风险超出预期时,决定停止融资支持。这要求金融机构具备快速反应的能力和高效的风险监控系统,以便在风险达到无法接受的水平时及时采取行动。实施这种风险回避手段需要精确的风险评估和敏锐的市场洞察力。同时,它也需要一个结构化的风险管理框架,以确保在必要时可以迅速而有序地从高风险活动中撤出,使损失最小化。

(二)风险转移

风险转移是指通过合同、保险等方式，将潜在的风险从一方转移给另一方，大大降低原风险持有方的风险承担程度。常用的风险转移手段主要有以下两种。

1.合同转移

合同转移是指通过法律协议将风险从一方转移到另一方。在互联网供应链金融中，合同经常被用来规定风险的承担和责任分配。例如，供应链中的核心企业可通过合同将部分信用风险、货物损坏风险或延迟交付风险转移给供应商或分销商。合同中可以明确各方的责任、权利和义务，如违约责任、保证责任等，这样可以在事前减少不确定性和潜在的纠纷。合同条款的精确设定对于风险管理至关重要，它需要法律专业知识以确保条款的有效性和可执行性。例如，一项涉及预付款的合同可包括递延支付条款，以保护买方免受供应中断的风险。此外，互联网供应链金融平台还可以通过技术手段，如智能合同，自动化地管理合同执行，确保合同条款得到严格遵守，从而自动化地实现风险转移。

2.保险转移

在互联网供应链金融中，多种保险产品被设计用于覆盖不同类型的风险，如信用保险可以保护贷款机构免受借款方违约的影响；货物运输保险可以覆盖运输过程中货物可能遭受的损失或损害。保险转移不仅可以减轻单一投资主体的风险负担，还可以增加整个供应链系统的稳定性。例如，信用衍生品市场的发展提供了新的机会来管理信用风险。国内外保险机构，通过提供短期信用保险服务，引入了国际先进的信用管理实践和技术，增强了国内企业的风险管理能力。通过保险转移，互联网供应链金融参与者可以将潜在损失的财务影响转移到专业的保险公司，这些公司通过分散和池化风险，有效地降低了单个事故的影响。此外，保险还可以作为融资的条件或保障，提高金融机构提供融资的意愿，因为保险减少了潜在的违约和损失风险。

(三)风险自留

风险自留，也称为风险承担，是指投资主体选择主动承担部分或全部潜在的风险。这种做法意味着在损失发生时，投资主体将使用可用的资源来承担这些损失。

1. 风险自留的类型

（1）无计划的风险自留。无计划的风险自留是指投资主体在风险发生后，未预先安排专门的资金应对潜在的损失，而是在损失发生时从当前收入或现有资源中直接支付。这种情形通常出现在投资主体未能充分意识到风险的存在，或者显著低估了与风险相关的潜在损失。无计划的风险自留往往不是一个理想的选择，因为如果实际损失远超预期，可能会导致企业面临资金流困境，影响正常运营。

（2）有计划的风险自留。相对于无计划的自留，有计划的风险自留涉及预先识别和评估潜在风险，并为可能发生的损失作出相应的资金安排。这通常通过建立专门的风险预留基金来实现，如设置专项储备金或累积盈余以应对未来可能发生的损失。有计划的风险自留使企业能够更好地控制风险并准备应对不确定性，从而维持财务稳定和业务连续性。

2. 风险自留的原因

（1）不可保风险。某些风险由于其性质，如自然灾害（地震、洪水等），难以通过保险转移。在这种情况下，企业没有其他选择，只能自留这些风险。这些风险的不可预测性和潜在的高损失使得保险公司不愿提供保险服务，或者保险成本极高。

（2）共同承担损失。在某些情况下，与保险公司共同承担损失可能是一种经济上更可行的选择。例如，通过设置一定的免赔额，企业可以降低保险费用。此外，采用第一损失赔偿方式、追溯法定费率等策略，企业可以在减轻保费负担的同时，更加关注风险管理和损失预防。

（3）自愿选择风险自留。有些企业出于对保险成本的考虑或对自身风险管理能力的信心，选择自留部分或全部风险。这种情况下的自留可能基于成本效益分析，认为自留风险的成本低于转移风险的费用，或者认为自留风险可以激励企业采取更有效的内部控制和风险管理措施。

3. 风险自留的措施

（1）将损失摊入经营成本。在互联网供应链金融中，当投资主体选择自留风险时，一种有效的策略是将潜在的损失摊入经营成本。这种做法允许企业在编制财务预算时考虑这些损失，作为正常运营的一部分进行管理。将损失摊入经营成本的实施，首先需要对潜在的风险进行充分评估，包括风险发生的可能性和可能导致的损失程度。基于这些评估，企业可以决定将多少比例的预期损失纳入经营成本。这种方法通常适用于那些频率较高但单次损失较低的风险事件，如小额贷款的违约率、供应链中的小规模供货延迟等。通过将这些损失摊入经营成本，企业可以在财务规划和预算中提前设立相关的资金储备，从而在风险真正发生时，能够迅速进行资源调配和财务调整，保证企业运营的连续性和稳定性。此外，这种策略也有助于企业更准确地反映其运营的真实成本，为价格设定和长期战略规划提供更精确的数据支持。然而，这种方法也有其局限性，主要体现在可能会增加产品或服务的成本，影响企业在竞争激烈的市场中的价格竞争力。因此，企业在决定将多大比例的风险损失摊入经营成本时，需要综合考虑市场环境、竞争态势以及自身的财务承受能力。

（2）建立意外损失基金。意外损失基金旨在为不可预见的、可能导致重大财务损失的风险事件提供资金缓冲。通过预先设立专门的基金，企业可以确保在面对重大风险事件时有足够的资金进行应对，从而减轻这些事件对企业正常运营和财务状况的影响。

意外损失基金的建立通常基于对企业历史上类似事件的频率和影响的分析，结合行业标准和风险管理最佳实践进行设定。基金的规模应与企业面临的风险概况相匹配，既要足以覆盖可能的损失，又要考虑企业的资金使用效率。此外，管理意外损失基金需要制定明确的基金使用规则和审批流程，确保资金的使用专注于处理真正的风险事件，并且每次使用后都要进行复审和补充，保持基金的持续有效性。企业还应定期评估基金的规模和使用效果，根据风险环境的变化适时调整基金的策略和规模。

（3）借入资金。借入资金可以作为一种应急措施来处理不可预见的财务需求。这种做法允许企业在必要时获取外部资金来弥补因风险事件导致的损失或资金缺口，从而保持业务的连续性和稳定运营。

借入资金的策略需要高度谨慎和前瞻性地规划。首先，企业需要与金融机构建立良好的信用关系，确保在需要时能快速获得贷款。这包括定期的信用评估、维护良好的财务记录和透明的业务操作。其次，企业应该对可能需要借入资金的情况进行预测和模拟，这涉及风险评估和财务分析，以确保在实际发生风险时，能够迅速且有效地使用借来的资金。此外，企业还需要考虑借入资金的成本，包括利息和可能的融资费用，这些成本应当纳入公司的风险成本管理中。在使用借入资金作为风险自留的策略时，企业还应制订详细的还款计划，确保借入的资金不会因为管理不善而影响企业的长期财务健康。最后，企业在选择借入资金作为风险自留措施时，应当确保这一策略与企业的整体风险管理框架和财务战略相符，确保其可持续性和有效性，避免由此带来的额外财务负担过重。

（4）建立专业自保公司。对于某些规模较大或面临多种复杂风险的互联网供应链金融企业，建立一家专业的自保公司是一种高效的风险自留措施。自保公司是由企业自己成立的保险实体，专门用来管理和承担母公司的风险。这种结构使企业能够更灵活、更有针对性地处理风险，同时可降低保险成本和提高风险管理效率。建立自保公司的主要优点包括风险管理的自主性和成本效益。通过自保公司，企业可以直接控制保险保障的条款和条件，灵活调整保险覆盖范围以匹配实际风险状况。此外，自保可以减少商业保险中的某些成本，如佣金和营销费用，且在税收和资金流动方面有额外的好处。

建立自保公司需要有充足的初始资金和持续的资本支持。此外，运营一家自保公司需要专业的风险管理和保险操作知识，包括遵守相关的监管要求。因此，企业在决定建立自保公司前，需要进行全面的可行性分析，确保其风险管理的需求与企业的整体战略相符，且在财务和运营上可持续。

（四）损失控制

损失控制并不意味着放弃面对风险，而是通过制订计划和实施具体措施降低潜在损失的发生率或减轻已经发生的损失。损失控制策略在风险管理中分为三个阶段：事前、事中和事后。事前控制的目标是降低可能的损失发生的概率，而事中和事后控制则专注于限制实际损失的规模。在损失无法避免的情况下，采用损失控制方式可以有效止损。例如，在发现一个融资企业的信用状态开始恶化时，投资主体应考虑暂停进一步的信用额度发放；同时，加强对已授信资产的监督，并实施必要的资产保护措施，以有效地控制损失。

第四节 互联网供应链金融风险防范策略

一、构建互联网供应链金融安全体系

(一) 改善互联网供应链金融运行环境

第一,改善硬件条件。硬件是支撑互联网供应链金融运行的物理基础,其安全性直接影响整个系统的稳定性和可靠性。因此,加强计算机系统的物理安全措施是基本要求。这包括但不限于对数据中心的物理访问控制,如设置严格的出入权限管理,安装监控摄像头,确保只有授权人员才能接触到关键的硬件设备。除了物理安全,还要提升硬件设备的抗攻击能力,如硬件的防病毒能力、抗拒绝服务攻击和其他网络攻击的能力。为此,企业需要选用高质量的硬件设备,并定期更新固件和系统软件,关闭不必要的硬件端口,以及使用防火墙和入侵检测系统来防止潜在的网络威胁。

第二,改善网络安全条件。网络是互联网供应链金融活动的主战场,因此保障网络环境的安全是保护整个供应链金融系统运行的关键。其一,确保互联网供应链金融门户网站的安全访问,这可以通过部署 SSL 证书加密数据传输,确保数据在传输过程中不被截取或篡改。其二,进行身份验证和分级授权,管理用户访问权限。强化身份验证机制,如实施多因素认证(MFA),可以大幅度提升账户的安全性。根据用户的角色和业务需求,企业应实施精细化的访问控制策略,确保用户只能访问其授权的数据和资源,从而使内部和外部的安全威胁最小化。其三,定期进行网络安全审计和渗透测试。这些活动帮助企业发现系统中存在的安全漏洞,并及时修复,避免被黑客利用。同时,企业应建立和维护一个实时的监控系统,监测所有网络活动和异常行为,以及时发现并响应安全事件,减少潜在的损失。

(二) 加强数据管理

随着互联网技术的发展和供应链金融业务的扩展,数据的安全性、完整性和准确性变得尤为重要。加强数据管理可从以下几个方面进行。

第一，制定统一的技术标准和规范。互联网供应链金融涉及众多业务环节和交易参与方，数据流动频繁且复杂。因此，建立一套统一的技术标准和规范至关重要，包括数据格式、交互协议、安全要求等方面的规范。统一的标准不仅可以提高系统内各个环节之间的协调性，降低数据传输过程中的错误和延误，还能增强整个系统的互操作性和扩展性。例如，使用加密协议和采取数据保护措施，可以确保传输中的数据不被未授权访问或篡改。同时，数据的存储和处理也应该有严格的安全标准，如使用符合国际安全标准的数据库系统，并定期进行安全评估。

第二，增强系统内的协调性。在供应链金融系统中，多个业务单位和技术系统需要协同工作，这要求高度的系统内协调性。企业通过建立集中的数据管理平台，可以有效地实现这一点。该平台应具备数据整合、处理和分析的能力，支持实时数据流通和信息共享。

第三，制定明确的数据管理标准流程。企业应明确数据的收集、处理、存储和传输的标准操作程序以及相应的监控和审计机制，以确保数据在整个供应链金融系统中流动时的安全和效率。

（三）开发具有自主知识产权的信息技术

开发具有自主知识产权的信息技术不仅关乎技术的进步和创新，还是确保国家金融安全、减少依赖外部技术风险的重要手段。通过开发自有的加密技术、密钥管理技术及数字签名技术，企业可以显著提高互联网供应链金融系统的安全性，同时增强系统的独立性和控制力。

第一，明确研发的方向和目标。这包括对现有技术的深入分析，识别其中的不足和潜在的改进空间，以及预测未来技术发展的趋势。互联网供应链金融领域涉及数据的加密、传输、存储和处理等多个方面，每一环节都可成为技术创新的焦点。例如，针对数据加密技术，企业可以研究更为高效的算法来提升数据在传输过程中的安全性；对于数据存储，企业则可以探索更为稳定和高效的分布式数据库技术，以支持大规模数据的管理和快速访问。

第二，聚焦核心技术的突破。这通常要求组织内部或与外部合作伙伴，如高校和研究机构紧密合作。通过共享资源和知识，企业可以加快技术开发的速度并提升研发的质量。在技术开发过程中，企业应采用模块化的设计理念，这样可以使得各个组件都能在其他系统中复用，从而增强技术的适应性和灵活性。

第三，在实验和测试阶段进行大量的验证工作。这包括在实验室环境中对新技术进行功能测试和性能评估，以及在实际的供应链金融环境中进行试点测试。通过这些测试，企业可以及时发现问题并进行调整，确保新开发的技术既可靠又有效。此外，持续的反馈机制是确保技术持续改进的关键，企业要建立起一套完善的用户反馈收集和处理流程。

第四，加强自主知识产权的保护。这要求企业在研发初期就与法律顾问合作，确保所有的创新成果都能得到合法的保护。通过申请专利、版权等方式，企业不仅可以防止技术被竞争对手侵犯，还能在商业化过程中提高企业的谈判权重。

第五，进行持续开发。企业需要对创新保持持续的投入和热情。通过建立专门的研发部门，定期开展技术讨论和创新大赛，以及鼓励员工参与研发活动，企业可以持续激发创新的动力，为互联网供应链金融的长期发展奠定坚实的技术基础。

二、构建互联网供应链金融监管体系

（一）互联网供应链金融监管的原则

随着互联网技术的不断进步，互联网供应链金融产品也越来越复杂。在监管规则不完整、原则模糊的背景下，部分金融活动可能会偏离轨道。若无明确的监管原则指导互联网供应链金融的进展，就会威胁到金融安全，且难以为该领域提供一个稳定的发展环境，从而影响其健康成长。只有明确了互联网供应链金融的监管原则，该领域的金融活动才能保持活力，挖掘市场的潜力。为了推动其持续发展，互联网供应链金融监管应与整体金融监管趋势保持一致，强调法治化的合理监管方法，并向"积极、协同、审慎、依法"的方向发展。互联网供应链金融监管的原则如图5-4所示。

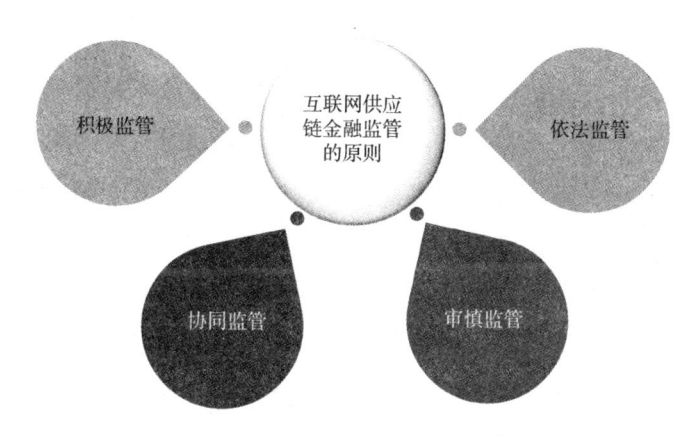

图 5-4　互联网供应链金融监管的原则

1. 积极监管

积极监管原则要求监管机构对于不断涌现的新业态和新模式保持高度敏感和关注，适应互联网供应链金融的快速发展和不断变化的特点。在互联网供应链金融领域，新技术和新模型的迅速发展带来了传统监管难以预见的挑战。因此，监管机构需要不断更新监管工具和方法，转变监管态度和监管理念，以适应这些新变化。

2. 协同监管

互联网供应链金融的复杂性和其跨领域的特性要求监管不仅要全面，还需要各个部门之间的高效协作。协同监管原则是建立在这一需求基础上的，它要求不同的监管部门、不同的行业以及不同的业务之间进行有效的沟通和配合。这种跨部门、跨行业的合作是确保整个监管体系效率和效果的关键。实施协同监管原则意味着要打破信息孤岛，建立统一的监管标准和目标，确保监管的一致性和连续性。在纵向上，从中央到地方各级金融监管部门都需要形成统一的监管策略和执行力；在横向上，从部门到部门、从行业到行业的协调则确保了监管措施的广泛覆盖和深入实施。例如，中国人民银行、国家金融监督管理总局、中华人民共和国商务部等要共同协作，以应对互联网供应链金融中的特定风险。这样的协同监管可以更有效地监控和管理互联网供应链金融活动，避免监管漏洞和冲突，同时提高监管的适应性和前瞻性，更好地服务于保护消费者利益和促进行业健康发展的目标。

3.审慎监管

尽管需要加强监管以应对不断发展的互联网供应链金融行业，监管机构还必须保持审慎的态度，确保在保护消费者和市场健康的同时，不抑制金融创新的活力。互联网供应链金融的特点是持续地创新和变化，它通过技术推动金融服务的多样化和普及化，特别是在为中小企业提供融资方面发挥了重要作用。

审慎监管不仅意味着要对行业风险有深刻理解和严格控制，还需要做好利益的平衡，确保监管措施既能防范和控制风险，又能支持和促进金融技术的创新。例如，监管政策应能够适应市场的快速变化，支持新技术和业务模式的试点和实验，同时设置必要的风险缓冲措施。这种动态平衡的实现，要求监管机构在制定和执行政策时，不断调整和优化，以适应行业发展的实际需求。

4.依法监管

依法监管原则是互联网供应链金融监管的基石，它能确保所有监管行动都基于法律的明确授权和规定，提高监管的透明度和预测性。通过明确的法律法规，互联网供应链金融不仅可以提供清晰的市场准入标准和业务规范，还能为企业和消费者设定明确的行为准则，促进整个行业的规范化和合法化发展。

依法监管应完善相关的金融法律体系，包括制定和修订与互联网供应链金融相关的法律法规。这些法规应覆盖金融活动的各个方面，如资金的募集、贷款、支付、数据保护等，确保所有活动都在法律框架内进行。此外，依法监管还需要建立健全的执法机制，包括有效的监督、检查和处罚系统，确保法律法规得到严格执行。法律明确监管的方式和要求，可以为市场参与者提供稳定的预期，引导他们遵守规则，从而维护市场的公平竞争和健康发展。同时，合法的框架也保护了消费者的权益，增强了消费者对互联网供应链金融服务的信任，从而推动了整个行业的长期健康发展。

（二）互联网供应链金融监管体系的构建

1.政府监管体系的构建

（1）明确监管主体。要构建互联网供应链金融的政府监管体系，就要明确监管主体，即确定哪些政府部门或机构负责对互联网供应链金融进行监督和管理。明确监管主体不仅有助于规范监管行为，还确保了监管责任和权力的明确划分，从而能够提高监管效率和效果。

通常，互联网供应链金融的监管涉及多个监管机构，包括中国人民银行、国家金融监督管理总局、中华人民共和国商务部、中华人民共和国工业和信息化部等，这些部门各司其职，但也需要协调合作，形成监管合力。中国人民银行负责整体的金融稳定和支付系统的监管，而国家金融监督管理总局专注于具体的金融产品和服务的监管。中华人民共和国商务部关注互联网供应链金融在商业交易中的应用。中华人民共和国工业和信息化部关注的是信息安全和技术标准。

（2）设定业务范围实施分类监管。由于互联网供应链金融业务的多样性和复杂性，不同类型的业务面临的风险和挑战各不相同，因此监管部门需要采取差异化的监管措施。分类监管首先需要对互联网供应链金融业务进行全面地分类和评估，识别各类业务的特点、风险程度和监管需求。例如，直接融资和间接融资、支付结算服务、数据服务等，每一类业务都需要不同的监管策略和工具。监管部门应根据这些业务的具体情况设定明确的业务范围，制定相应的监管规则。实施分类监管还要求监管部门具备相应的专业知识和技术能力，以准确理解和评估各类业务的具体运作模式和潜在风险。此外，分类监管策略也需要随着市场和技术的发展不断调整和优化，保持其适应性和前瞻性。

2. 行业自律体系的构建

在互联网金融监管中，行业自律组织扮演着越来越关键的角色。相较于政府监管，行业协会在专业性和灵活性方面表现得更为突出，这使得其能更紧密地跟随行业发展的步伐，有效地执行监管职责。互联网金融行业自律组织的核心功能包括设立行业准入门槛、优化市场退出机制。

（1）设立行业准入门槛。设立行业准入门槛是确保市场健康发展的基本措施。行业自律组织通过制定严格的准入标准，能够确保只有具备必要资质和能力的企业才能进入市场，从而提高整个行业的服务质量和信誉。

行业准入门槛的设立通常涉及对企业的财务状况、管理团队的专业背景、业务模式的可行性以及合规性等方面的评估，行业自律组织要求企业提供详细的业务计划书，展示其商业模式的可持续性以及如何处理潜在的风险。此外，它还需要企业展示其技术平台的安全性和稳定性，确保能够保护用户数据不被非法使用或泄露。行业准入门槛不仅限于初次入市的审核，还应包括对现有成员的定期评审，确保它们持续符合行业标准。这种动态的监管机制有助于推动企业不断优化和升级，提升整个行业的竞争力和适应市场变化的能力。

（2）优化市场退出机制。市场退出机制包括确保那些不再符合行业标准或经营不善的企业能够有序地退出市场，减少对消费者和整个市场造成的负面影响。有效的市场退出机制应包括明确的评估标准和程序，如定期的财务和运营审核，以及对市场表现不佳的企业的警告和整改机会。如果企业无法在规定时间内改正问题，行业自律组织应当有一套清晰的程序指导其安全退出市场，包括清算资产和处理用户数据的方法。此外，行业自律组织应确保退出机制的透明和公正，所有的评估和决策过程都应公开透明，确保所有利益相关方（包括投资者、客户和合作伙伴）都能明确了解情况。

三、加强互联网供应链金融业务内部管控

从事互联网供应链金融业务的机构应加强内部管控，从而防范互联网供应链金融风险。下面以互联网供应链金融参与主体中的商业银行为例，阐述如何加强互联网供应链金融业务的内部管控。

（一）优化互联网供应链金融风险管理组织体系

1. 完善风险管理治理结构

第一，加强顶层设计，银行的高层管理者必须是风险管理的牵头人和直接管理者，高层管理者必须定期向董事会汇报风险管理的相关工作情况，在高级管理层下设风险管理委员会，负责具体的风险管理工作；第二，要做到职权明确，由风险管理委员会负责风险管理工作职责的划分，让银行内部各个部门明确自身的责任与义务，并积极执行。

2. 明确各部门风险管理的职责

由于涉及的业务复杂且具有多样性，各部门要根据自身的职能积极参与风险管理，确保整个机构能够有效地识别、评估、控制和监测潜在风险。风险管理的组织结构通常以风险管理委员会为核心，负责统筹和引导整个银行的风险管理活动。

风险管理委员会担负着制定和审批风险管理策略的重要责任，包括起草风险管理工作计划，确立风险识别、评估、监控和报告的框架。风险管理委员会负责制定各类风险控制措施并设定相应的奖惩机制，以确保风险控制措施得到有效实施。此外，风险管理委员会还需要定期向高级管理层和董事会汇报风险管理的进展和效果，以支持上层决策。各业务和支持部门在风险管理委员会的指导下，具有执行日常风险管理活动的职责。这些部门需时刻关注在业务

开展过程中可能出现的风险,并将这些风险与日常管理工作结合。每个部门都应根据自身的特点和业务范围,设定专门的风险管理团队,由专业人员负责监控和控制具体风险。例如,贷款部门需要对信贷风险进行管理,包括客户信用评估、贷后监控和不良贷款处理。而交易部门则需要关注市场风险和流动性风险,实施相关的限额控制和敞口管理。信息技术部门则聚焦于技术风险,包括数据安全、系统稳定性等。

(二)健全互联网供应链金融风险管理制度体系

1. 健全全面风险管理制度体系

(1)制定全行通用的风险限额管理条例。建设全面风险管理制度体系的首要任务是出台全行通用的风险限额管理条例。这要求银行结合具体业务,运用专业技术和手段对各类风险进行量化分析,并据此制定科学合理的风险限额标准。这些标准应综合考虑地域、行业、客户等多元化因素,确保限额的设定既全面又符合实际。此举有助于银行在业务开展过程中明确风险承受边界,避免盲目扩张和承担过度风险,从而保障资产质量和经营安全。

(2)风险定价流程标准化。在全面风险管理制度体系中,风险定价流程的标准化至关重要。银行应制定统一的定价方案和定价标准,并在全行范围内实施。这有助于银行更好地分析风险成本与收益之间的关系,实现风险与收益的平衡。同时,标准化的风险定价流程也有助于提高银行内部风险管理的透明度和可比性,促进各部门之间的协同合作,共同维护银行的稳健经营。

(3)明确风险信息收集和汇报流程。为确保全面风险管理制度体系的有效运行,银行还要对风险信息收集和汇报流程进行明确和规范。这要求银行按照统一的格式和要求,对风险信息的种类、内容和汇报进行规定,确保信息的准确性和完整性。通过对不同种类风险的划分和制订应对方案,银行可以更好地识别、评估和控制风险,实现风险的早期预警和及时处置。此外,规范的风险信息收集和汇报流程也有助于银行内部实现更好的信息共享,提高风险管理的效率和效果。

2. 完善信用风险管理制度体系

在当前金融市场环境下,供应链金融业务的复杂性和风险不断增加,因此银行需要结合供应链金融业务的实际特点,从信用风险管理角度出发,对现有信用风险管理制度进行深入的优化和调整。

（1）重新审视和完善信用评级制度。信用评级制度是银行评估客户信用风险的基础，对于确保授信决策的准确性和有效性具有重要意义。银行应根据供应链金融业务的实际情况，建立符合该业务特点的信用评级体系，确保评级结果能够真实反映客户的信用状况和还款能力。此外，银行还应定期对信用评级制度进行评估和更新，以适应市场变化和客户需求的变化。

（2）优化信用风险评级模型。信用风险评级模型是银行对客户信用风险进行量化评估的重要工具，对于提高风险分类的准确性至关重要。银行应根据供应链金融业务的特点，结合历史数据和经验，开发符合该业务特点的信用风险评级模型。该模型应综合考虑客户的财务状况、经营状况、行业环境等多个因素，以更全面、准确地评估客户的信用风险。

（3）针对不同类型的资产业务实施差异化的风险分类管理法。这要求银行通过进行一系列专业而精细的测试，以明确每项业务可能遭遇的风险事项和预计的风险损失。基于这些测试结果，银行应预先制定具有针对性的风险应对预案，确保在风险事件发生时能够迅速、有效地进行应对。此外，银行还需对客户的信用等级进行细致划分，根据客户的信用状况和业务需求，提供差异化的服务策略，以实现更为精准的风险管理。

（4）为了更有效地管理信用风险，银行必须不断优化和调整授信操作流程。这涉及通过建立相关模型，持续监测和分析银行内部、外部环境的变化，从而确保授信流程的灵活性和适应性。在授信流程中，银行应特别关注客户评级授信、贷后检查、抵押物管理以及不良资产处置等环节，确保这些环节的有效运行。一旦客户的经营管理条件发生变化，银行应迅速作出反应，避免由于客户经营状况的恶化导致贷款不良，从而给银行带来不必要的损失。

3.完善操作风险管理制度体系

制定详细的操作规范对于银行的操作风险管理体系至关重要。这些规范不仅明确了各类业务的操作流程，还详细列出了风险控制措施，确保员工在办理业务时能够有章可循、有法可依。具体而言，操作规范应详细列出每个业务环节的步骤、所需材料、审核标准等，使员工能够清晰地了解业务的全流程。同时，规范中还应包含针对潜在风险点的防控措施，如定期核查、双人复核、权限控制等，确保在业务办理过程中能够及时发现和防范风险。通过制定这样的操作规范，银行可以大大降低操作风险的发生概率，保障业务的稳健运行。

4.完善市场风险管理制度体系

首先，银行应深入了解不同区域、行业和客户的特性，基于这些特性制定差异化的风险限额。这种差异化的限额管理能够确保银行在风险承受能力和业务发展需求之间找到平衡点，避免一刀切的风险管理策略导致的资源错配或风险过度集中。其次，银行在完善市场风险管理制度时，必须全面关注市场利率和汇率的波动及变化。利率和汇率是市场风险的两个重要方面，它们的波动直接影响银行的资产价值和收益状况。因此，银行需要建立专门的利率风险和汇率风险管理体系，通过设定相应的风险限额和监控机制，确保在利率和汇率波动时能够及时应对，减少损失。具体来说，银行可以运用先进的风险管理模型和技术手段，对市场利率和汇率进行实时监控和预测，从而更准确地评估风险水平。最后，银行还应建立灵活的风险限额调整机制，根据市场环境和业务变化及时调整风险限额，确保风险管理策略的有效性和适应性。

（三）健全互联网供应链金融风险管理的约束和激励机制

1.建立处罚问责制度

在互联网供应链金融业务中，建立健全的处罚问责制度是提升银行风险管理水平的关键措施。通过确立明确的奖惩标准，银行能够有效地推动风险管理工作，确保业务的规范运行，同时防止和减少可能的风险和损失。

首先，制定严格的处罚条款，这些条款应针对那些忽视风险、主动削弱风险管理措施或造成重大风险或损失的行为。处罚措施可以包括行政处分、扣发奖金等，目的在于通过经济或职位上的影响，使员工产生遵守风险管理规定的自觉性。这些措施不仅对个人行为进行约束，也强化了银行内部对规范操作的重视，从而有效避免违反规定的行为发生。其次，制定处罚条款后，关键在于处罚制度的严格执行。银行需要确保每一项规定都得到坚决执行，对于任何违反规定的行为都不姑息，以此在全行内部形成严格的处罚氛围。这种氛围能够明确地向全体员工传达风险管理的严肃性和重要性，确保每个人都明白其个人行为可能带来的后果。最后，处罚问责制度的有效实施也需要依托全面的风险信息监控和及时的行为审查机制。银行应该建立一套完善的信息和行为监控系统，确保能够实时监控各种违规行为，并迅速采取应对措施。通过这种系统，银行不仅可以及时发现并处罚违规行为，还能在更大程度上预防潜在的违规行为。为了增强处罚问责制度的透明性和公正性，银行还应该定期对处罚问责制度进行评估和修订，确保其与银行的实际业务和风险管理需求相适应。通过向所有员工公开处罚条款和实例，银行能够进一步强化风险管理文化，推动员工从内心认识到规范操作的必要性。

2.健全风险管理激励机制

（1）关注部门层面的激励。部门激励机制应着重考虑风险管理架构的完善程度、风险事件的处理效果以及风险管理的最终成效。例如，对于那些在风险管理架构建设中表现突出，成功降低风险事件发生频率，并且在处理潜在风险方面有显著成效的部门，应当给予适当的奖励。这种奖励可以是财务奖励、资源优先支持、公开表彰等形式。同时，将风险管理的结果纳入部门的年度绩效考核，能够确保风险管理目标与部门的整体目标一致，促进部门在日常操作中自然而然地关注风险控制。

（2）关注员工层面的激励。定期进行风险管理测评，对于那些在测评中表现优秀、展现出较强风险管理意识的员工，应给予奖励或在年度考核中加分。这不仅奖励了员工，也鼓励了其他员工学习和提高自己在风险管理方面的能力。此外，对于在风险管理过程中为银行创造显著成绩，如帮助银行规避重大风险和挽回损失的员工，应考虑给予更大的职业发展机会，如晋级或晋升。这种重视风险管理表现的激励机制不仅提升了员工的积极性，也强化了风险管理在银行运营中的核心地位。

（3）建设一个透明和公平的评价系统。确保所有评价和奖励决策的透明性和公正性是维护员工信任和激励机制有效性的基础。通过定期的反馈和沟通，银行可以调整和优化激励方案，使其更加符合实际情况和员工的期望。

（四）建设互联网供应链金融风险防范的技术队伍

在互联网供应链金融领域，技术发展迅速且业务模式不断创新，这不仅带来了前所未有的市场机会，也伴随着复杂的风险挑战。因此，构建一支专业的技术队伍，专注于风险防范，成为确保业务持续健康发展的重要策略。技术队伍的建设可以从几个方面入手：第一，确定关键能力需求。银行需要明确哪些能力是关键的，这通常需要通过分析行业趋势、业务目标和技术发展来实现。在互联网供应链金融领域，关键能力包括数据分析、风险管理、网络安全、金融工程以及人工智能应用等。明确这些需求后，银行可以更有针对性地开展招聘和培训计划。第二，通过多元化的招聘渠道吸引顶尖人才。这包括参与行业会议和研讨会、与大学合作、通过社交媒体招聘以及通过专业招聘网站发布职位。同时，银行应强调其文化、职业发展机会和在金融科技领域的创新性，这些都是吸引高质量人才的关键因素。第三，对新员工和现有员工进行持续的培训。这可以通过内部培训课程、外部专业培训、在线学习平台和参与实际项目等方式进行。培训内容应涵盖最新的技术、行业发展趋势、法规变化等，以确保团队的知识和技能始终处于行业前沿。

四、完善互联网供应链金融风险的法治体系

完善互联网供应链金融的法治体系是确保该行业健康发展，防范互联网供应链金融风险的关键举措，具体可从以下两个方面进行。

（一）加大互联网供应链金融的立法力度

随着互联网供应链金融的快速发展，现有的法律框架无法完全覆盖新出现的交易模式和风险类型，因此加大立法力度变得尤为重要。首先，需要制定明确的法律，以确保数字签名和电子凭证的法律有效性，这是电子交易可信赖性的基础。其次，应当通过法律明确各交易主体在互联网供应链金融活动中的权利和义务，这不仅有助于减少交易双方的不确定性和潜在纠纷，也提供了处理可能出现的问题的法律依据。此外，立法还应包括对互联网供应链金融服务提供者的监管要求，如数据保护、消费者权益保护及反洗钱规定等，以构建一个全面、合理的互联网供应链金融法律框架。

（二）制定网络公平交易规则

网络公平交易规则的制定是为了确保互联网供应链金融业务的有序开展，保护消费者权益，同时促进市场的公平竞争。这些规则应详细规定如何识别数字签名、如何保存电子交易凭证以及如何保护消费者的个人信息。制定这些规则还需要考虑交易主体的责任明确，确保在发生问题时能够快速准确地找到责任方并采取相应措施。网络公平交易规则的实施有助于建立消费者的信任，促进电子商务的健康发展，从而支撑互联网供应链金融的持续增长。

part 6

参考文献

[1] 刘迅.互联网供应链金融模式及风险管理研究[M].北京:中国财政经济出版社,2019.

[2] 张诚,魏华阳.中小企业"互联网+供应链金融"模式创新及风险防控研究[M].成都:西南财经大学出版社,2018.

[3] 赵保国.互联网金融理论与实践[M].北京:北京邮电大学出版社,2020.

[4] 徐鹏.线上农产品供应链金融运作模式及激励契约[M].成都:西南交通大学出版社,2019.

[5] 冉湖,杨其光,鲁威元.互联网+金融:互联网金融的革命[M].北京:北京工业大学出版社,2017.

[6] 冯博,李辉,齐璇.互联网金融[M].北京:经济日报出版社,2018.

[7] 周启清,孟玉龙,胡昌昊,等.供应链金融理论与操作技术[M].北京:中国商务出版社,2018.

[8] 王译萱.互联网供应链金融创新模式研究[J].中国储运,2023(12):197-198.

[9] 于泊.基于"互联网+"背景的供应链金融模式创新与发展研究[J].中国市场,2023(16):184-187.

[10] 龚先婷,余丽霞,丁怡力.供应链金融在互联网企业中的应用效果研究:以京东供应链金融为例[J].财务管理研究,2023(6):1-7.

[11] 张慧子,邬辛未."互联网+"背景下农业供应链金融发展模式探究[J].南方农机,2023,54(11):110-112.

[12] 陈晓俊.基于传统供应链金融的"互联网+"探究[J].中国产经,2023(9):126-128.

[13] 毛轶斐,王春晖.互联网+农业供应链融资模式研究:以A公司为例[J].黑龙江粮食,2023(9):148-151.

[14] 刘东旭，徐娱梓."互联网+"背景下供应链金融银行产品的运营模式构建[J]. 中国储运，2023（9）：183-184.

[15] 绪泽.基于COX模型互联网背景下供应链金融的中小企业风险研究：以京东供应链金融业务为例[J]. 全国流通经济，2023（8）：156-159.

[16] 杨丹妮.区块链金融驱动下小微文化企业融资生态环境构建解析[J]. 现代商业，2023（4）：106-109.

[17] 郁俏琰.互联网供应链金融为中小企业解难[J]. 中国商界，2023（2）：101-103.

[18] 孙玉璇，梁力军，来嘉宁.互联网供应链金融主体间交易博弈模型构建研究[J]. 物流科技，2023，46（3）：160-164.

[19] 李煜鑫.工业互联网下基于区块链技术的供应链金融模式研究[J]. 现代商贸工业，2023，44（6）：35-37.

[20] 张小兵."电商+供应链金融"模式创新研究[J]. 商场现代化，2022（23）：55-57.

[21] 徐艺榕.互联网金融背景下的普洱茶供应链金融创新研究[J]. 商业观察，2023，9（33）：37-40.

[22] 刘迅，何梦琪，王婉婷.基于互联网平台企业的农业供应链金融模式探究：以京东供应链金融为例[J]. 当代经济，2022，39（11）：90-97.

[23] 田春雨.互联网+背景下供应链金融银行产品的运营模式探讨[J]. 中国储运，2023（9）：201-202.

[24] 袁胜，姜梦雪.互联网背景下供应链金融发展研究[J]. 科技资讯，2022，20（20）：144-147.

[25] 雷赟.基于产业互联网的农业物流供应链金融模式创新研究[J]. 中国储运，2022（10）：43-44.

[26] 申逾雄.互联网金融环境下供应链金融发展探究[J]. 全国流通经济，2023（16）：165-168.

[27] 刘荣荣.基于"互联网+供应链金融"视角的中小企业融资策略研究[J]. 企业改革与管理，2022（14）：120-122.

[28] 牛消夏. 对数字经济视角下供应链金融的思考 [J]. 科技经济市场, 2020（10）：64-65.

[29] 任晓珠. 互联网供应链金融赋能我国商贸流通业发展效应研究 [J]. 商业经济研究, 2020（19）：159-162.

[30] 赵增奎. 金融科技还有投资机会吗 [J]. 理财周刊, 2020（16）：58-59.

[31] 公立. 数字化小微金融服务新模式探索 [J]. 清华金融评论, 2022（6）：95-96.

[32] 张中莲. "互联网+"下的特色农产品供应链运营模式研究：基于供应链金融资本融合视角分析 [J]. 热带农业科学, 2020, 40（7）：132-136.

[33] 邓哲非, 董旌瑞, 许于欣. 国有基建企业开展新兴供应链金融的模式研究：以C集团为例 [J]. 商业会计, 2020（14）：21-24.

[34] 周敬轩. 互联网+环境下食用菌供应链金融创新模式 [J]. 中国食用菌, 2020, 39（7）：235-237.

[35] 岳晨琼, 任达, 次玥熙, 等. 基于互联网的科技型中小企业创新性融资模式研究 [J]. 经济研究导刊, 2020（18）：81-85.

[36] 王国伟. 农村互联网供应链金融模式的风险探究 [J]. 山西广播电视大学学报, 2020, 25（2）：93-96.

[37] 张帆. 互联网供应链金融的财务风险及其防范研究 [J]. 老字号品牌营销, 2022（8）：107-109.

[38] 朱伟祥. 中小皮革企业互联网供应链金融现状及风控策略 [J]. 化纤与纺织技术, 2022, 51（2）：19-21.

[39] 徐敬红, 廉东. 互联网供应链金融的发展模式与管理体系 [J]. 中国中小企业, 2022（2）：179-180.

[40] 陈智. 互联网金融对接农产品供应链运行模式研究 [J]. 商业经济研究, 2022（2）：158-161.

[41] 刘利科, 任常青. 农业互联网供应链金融模式分析：以产业龙头企业新希望集团为例 [J]. 农村金融研究, 2020（7）：32-38.

[42] 李少武. 供应链金融演进：阶段性特征和规律性趋势 [J]. 财会月刊, 2021（23）：

149-154.

[43] 晏国祥. 零售信贷批量做破局获客难题[J]. 中国农村金融，2021（22）：22-23.

[44] 王子颖，邱雨豪. 互联网金融对中小企业融资的影响：以山东省烟台市为例[J]. 中小企业管理与科技，2021（34）：88-90.

[45] 马丽芸. 基于互联网供应链金融的中小皮革企业融资环境提升策略[J]. 中国皮革，2021，50（11）：15-17.

[46] 刘亚东，杨雪雁. 农村互联网金融与农村电商融合模式研究[J]. 当代农村财经，2021（7）：57-59.

[47] 邢佳骉. 互联网背景下供应链金融资产证券化业务模式与收益分析[J]. 中国物价，2021（10）：71-74.

[48] 苏锦涛，梁岩，李星，等. "互联网+"和大数据背景下对供应链金融模式的创新研究[J]. 商场现代化，2021（8）：1-5.

[49] 王静逸，邢磊，李佩芳，等. 金融科技赋能信用风险管控智慧升级[J]. 现代商业银行，2021（13）：29-33.

[50] 夏露，刘玲，王琼，等. 互联网背景下Y公司供应链金融模式与风险研究[J]. 物流科技，2021，44（7）：161-166.

[51] 宁轲. "互联网+"背景下的生鲜农产品供应链金融模式研究[J]. 中小企业管理与科技，2021（11）：74-75.

[52] 黄莉娟. 互联网背景下小微企业融资模式研究[J]. 北方经贸，2021（6）：113-117.

[53] 张娜. 对我国产业互联网金融发展问题的探究[J]. 经济研究导刊，2021（17）：124-126.

[54] 李霞. 互联网金融环境下供应链金融发展探究[J]. 全国流通经济，2021（10）：157-159.

[55] 俞震. "互联网+"背景下供应链金融银行产品的运营模式探讨[J]. 中国储运，2021（4）：140-142.

[56] 徐刚，周涛，陈志诚. 行动者网络视角下互联网供应链金融形成研究[J]. 合

作经济与科技，2021（7）：44-47.

[57] 景峻，冯林，宋晓丽．基于产业生态平台的供应链金融模式研究：理论分析与案例实证[J]．金融发展研究，2021（2）：80-87.

[58] 刘方铮．互联网金融模式下中小企业融资难问题的解决对策[J]．企业改革与管理，2021（3）：76-77.

[59] 梁钰坤，丁胜．基于"互联网+"背景下中小企业供应链融资模式探讨[J]．物流工程与管理，2021，43（2）：56-58.

[60] 杨垚立．工业互联网与商业银行业务模式升级[J]．西南金融，2021（3）：62-73.

[61] 丁云波，陈伟，李文焕．基于"三大、五融合"新举措的建筑企业科学技术迭代升级[J]．投资与合作，2021（2）：135-136.

[62] 许华，刘小炎，袁从刚．基于电商平台的供应链金融盈利模式研究：以京东为例[J]．时代经贸，2021，18（1）：34-37.

[63] 王文斌．产业互联网背景下的金融服务实体经济模式创新[J]．管理工程师，2020，25（6）：3-8.

[64] 弋泽龙，张海峰，龚志华．供应链金融模式下区块链技术应用的创新与探讨[J]．中小企业管理与科技，2020（36）：44-47.

[65] 张召哲，蒋九，赵静，等．互联网+供应链金融模式研究[J]．现代营销（经营版），2020（11）：236-237.

[66] 马健美．互联网供应链金融破解中小企业融资困境研究[J]．商业经济，2021（4）：62-63.

[67] 潘荣根，韩兰华，汪桥．互联网农业供应链融资模式创新研究[J]．渤海大学学报（哲学社会科学版），2020，42（6）：110-113.

[68] 宫磊．"互联网+"下供应链金融模式的创新研究[J]．财富生活，2020（20）：7-8.

[69] 常晶．从区块链技术视角探究供应链自金融模式[J]．财会月刊，2020（11）：136-141.

[70] 张汝根，何骏捷．上海银行互联网供应链金融发展研究[J]．财富时代，2020

（5）：45-46.

[71] 李泽宁. 互联网供应链金融风险管理 [J]. 商场现代化，2020（8）：121-122.

[72] 杨青. 电商背景下供应链金融风险的监管机制 [J]. 金融发展研究，2020（6）：53-56.

[73] 孔垂琳，吴旸，何志毅. 互联网供应链金融业务开展障碍因素及应对策略研究 [J]. 价值工程，2020，39（11）：135-140.

[74] 孙延金，闵嘉强. 互联网环境下企业应收账款融资风险研究：以"京保贝"为例 [J]. 河北企业，2020（4）：51-52.

[75] 刘变叶，何祖明. 小微企业的物联网供应链融资模式创新研究 [J]. 金融理论与实践，2020（4）：62-68.